光明社科文库
GUANGMING DAILY PRESS:
A SOCIAL SCIENCE SERIES

·历史与文化书系·

中国古籍中的阿拉伯

邓苏宁 | 编著

光明日报出版社

图书在版编目（CIP）数据

中国古籍中的阿拉伯 / 邓苏宁编著 . -- 北京：光明日报出版社，2021.9
ISBN 978 - 7 - 5194 - 6255 - 0

Ⅰ.①中… Ⅱ.①邓… Ⅲ.①阿拉伯国家—古代史—史料 Ⅳ.①K370.2

中国版本图书馆 CIP 数据核字（2021）第 163622 号

中国古籍中的阿拉伯

ZHONGGUO GUJI ZHONG DE ALABO

编　　著：邓苏宁		
责任编辑：刘兴华	责任校对：刘文文	
封面设计：中联华文	责任印制：曹　净	

出版发行：光明日报出版社

地　　址：北京市西城区永安路 106 号，100050

电　　话：010 - 63169890（咨询），63131930（邮购）

传　　真：010 - 63131930

网　　址：http//book. gmw. cn

E - mail：liuxinghua@ gmw. cn

法律顾问：北京德恒律师事务所龚柳方律师

印　　刷：三河市华东印刷有限公司

装　　订：三河市华东印刷有限公司

本书如有破损、缺页、装订错误，请与本社联系调换，电话：010 - 63131930

开　　本：170mm×240mm		
字　　数：180 千字	印　　张：14.5	
版　　次：2021 年 9 月第 1 版	印　　次：2021 年 9 月第 1 次印刷	
书　　号：ISBN 978 - 7 - 5194 - 6255 - 0		
定　　价：95.00 元		

序

　　邓苏宁博士编著的《中国古籍中的阿拉伯》付梓出版，我感到由衷的高兴。邓苏宁是我的学生也是同事，但她不叫我老师，而是叫师父，因为我们学校搞了一种老教师传帮带的一对一拜师活动，我们二人是第一批，好像还受到过表扬。现在徒弟出版新作，师父的心情可想而知。尽管她此前已经在国内核心和权威刊物上发表过多篇论文，尽管她已正式出版过至少两部译著，但本书在她的学术研究中，属于新的尝试和新的高度。同时我也感到十分宽慰。这个选题自己酝酿了很多年，其间也做过各种尝试，比如指导学生集体合作或者与其他院校教授合作，但都无疾而终。直到和邓苏宁谈及此事，她应允下这件我认为很重要的学术工作，才算有了着落。之后我申报的《古丝绸之路沿线阿拉伯地名考》项目获批，邓苏宁是课题组成员之一，遂又将这个选题列入该项目的阶段性成果之一。如今她经过不懈努力，扎扎实实地圆满完成了这项科研任务，于她可喜可贺，于我了却了一件心事。

　　我国学界历来重视史料的梳理和笺注，做这样一种传统学问检视一个学者的学术定力，考验一个学者的学术功力，磨炼一个学者的学术耐力。《中国古籍中的阿拉伯》一书中的史料记载，采集自四十余部中华经典古籍，其中大多为卷帙浩繁的煌煌之作。其时间跨度上至西汉司马迁之《史记》，下至晚清林则徐之《四洲志》，浩浩两千年。本书分为上下两编。上编收录了二十四史和《资治通鉴》等史籍中关于阿拉伯的记载。二十四史中的引文按朝代顺序分章，每章末作有小结，概述史籍中体现的该朝与阿拉伯交往的情况；每条引文后均附有按语，阐述背景，阐发己见。下编收录了十一部涉及阿拉伯的中外交通古籍中的相关记载，包括《经行记》《岭外代答》《诸蕃志》《岛夷志略》《异域志》《西洋番国志》《瀛涯胜览》《星槎胜览》《西洋朝贡典录》《殊域周咨录》等。此外书中还收录了中国古代诗词中有关阿拉伯的作品。本书虽不能说将所有记载阿拉伯的中国古籍包罗殆尽，但中国古籍中记载阿拉伯的总脉与总象，当是一览无余。

众所周知，中华民族和阿拉伯民族同是具有悠久历史和灿烂文化，并为人类文明发展进程做出重大贡献的伟大民族。在古代中国对外关系史中，中阿两大民族的交往史占据十分重要的地位。古籍作为历史重要的载体之一，必然记录下双方交往的点点滴滴，从而形成各自对对方形象认知的雏形，并随着时代发展不断丰富和充实。而只有将这些散见于诸多典籍中的记载聚合起来，方可窥其全貌，察其条理，晓其真相。本书的意义和价值主要集中在三点。

首先，在当前"一带一路"倡议不断深入人心，构建人类命运共同体理念引发更多共鸣的大背景下，本书的出版可以使我们通过历史记载更加真切具体地了解到，中阿两大民族如何在古丝绸之路上出入相友、真诚相待，进而成为"不同民族、不同文化要'交而通'，而不是'交而恶'"的典范。以史为鉴可以知兴替。相信读者在看过本书之后，能够更加深刻地认识到历史上中阿之间民心相通交融，文明交流互鉴的本质和底蕴，从而让中阿友好交往的主旋律赓续新时代，为构建中阿命运共同体谱写新篇章。这或许正是本书的政治意义和现实意义之所在。

其次，在全球史观的广阔视野下，中外交往史成为历史学者研究的重要内容。而在相关著作与论文里，中国古籍中关于阿拉伯部分的记载的引用率是比较高的。然迄今为止，我们尚未见到一部独涉阿拉伯的汉籍总录性著作。本书的出版正可填补这一学术空白，使读者通过众多中国古籍中的丰赡史料，从纵横两轴获得对中阿交往史全方位、多层次的认知，明了中阿之间源远流长的友好交往过程和循序渐进的文化交流脉络。如此，本书的学术意义也就显而易见了。

再者，专题性史料的辑录、梳理和评释，是一项繁累的学术工作。然而其成果一旦成型，便会给相关研究者带来很大便利。譬如现代学术史上张星烺的《中西交通史料汇编》和法国汉学家费琅的《阿拉伯波斯突厥人东方文献辑注》等，因其系统性和实用性，都已成为相关领域学者案头或书架上必备和常用的参考工具书。真心希望本书的出版，可以在同类著作的行列中增加一个新的成员。诚然，我等的学识学蕴学养无法与大师们同日而语，我等的注释按语见解也无法与大师们等量齐观，但同类的学术任务同样无法全部等待大师们来完成。作为青年学者的邓苏宁敢于迎难而上，甘于研探冷门，她所奉献给读者的《中国古籍中的阿拉伯》一书，作为同向研究的初本和底本，其开拓意义与学术参考价值是不言而喻的。

　　我的同事和同行几乎都知道，很多年前我就开始搞"阿拉伯古籍中的中国"课题，拖拖拉拉、断断续续，延宕到最后仅完成"文史卷"三四十万字，交与出版社也有一两年光景，由于种种原因至今未能见书。早先预设是我的书先出，邓博士这本书作为呼应和对应后出。孰料原本想搞的师父领进门，如今成了后浪推前浪。心中有一点点遗憾，也有一点点惭愧，但更多是对邓苏宁潜心学问、修成正果之欣喜，对收到这样一位品学兼优、学有所成的徒弟之欣慰。深望她以《中国古籍中阿拉伯史料汇编》的出版为新的起点，在学术研究这条艰辛的道路上，砥砺前行，取得更多更大的成就。

葛铁鹰

2021 年 1 月于北京

目　录
CONTENTS

绪　论

"阿拉伯"一词定义

伊斯兰教诞生于中国隋唐之际，而"阿拉伯"一词的出现却比这早得多。"阿拉伯"作为民族指代词最早出现于公元前 9 世纪亚述征服亚兰时期的阿卡德文文献"库尔恩独石"上。但对"阿拉伯"或"阿拉伯人"的界定长期以来一直较为模糊。

从宗谱上说，阿拉伯人属闪族的分支。根据伊斯兰教传统的说法，阿拉伯人的祖先是易斯马仪（以实玛利），而易斯马仪则是易卜拉欣（亚伯拉罕）的长子。也有许多学者认为，阿拉伯半岛北部的阿拉伯人是易斯马仪的后裔，被称为"阿德南人"或"尼萨里人"，而南部阿拉伯人是葛哈唐的后裔，被称为"也门人"或"葛哈唐人"。

从语言上说，阿拉伯人均操阿拉伯语。阿拉伯语属于闪含语系闪语族。这也证明了阿拉伯人是闪族人的分支。

从地理上说，阿拉伯人生活在阿拉伯半岛及其周边地区。有些历史学家认为阿拉伯半岛的居民和半岛四邻的居民同出一源，只不过后者受到周边罗马、波斯等强大民族的影响，发展程度要高于半岛上的居民。

从文化上说，阿拉伯人大多为沙漠中的游牧人。他们过着居无定所的部落游牧生活，一到雨季，便携带家室，赶着骆驼，到处去寻找有水草的牧场。半岛上虽然有较为进步的区域如也门等地，但是游牧生活遍及全岛。生活在半岛周边的阿拉伯人文化日渐发展，逐渐过上了定居的生活。①

据此，我们可以认为，在伊斯兰教诞生前，生活在从今天的叙利亚到沙特阿拉伯之间的沙漠地区及其周边、在基因上具有很大程度的同源性、在语言上同操阿拉伯语的游牧民，一般被划入阿拉伯人的范畴。而他们所生活的地区，即阿拉伯地区。

伊斯兰教诞生后，阿拉伯人在宗教的旗帜下在麦地那建立了乌玛政权，并开始征服周围各个民族。之后建立了以阿拉伯人为主体的伍麦叶王朝和阿巴斯王朝。在伍麦叶王朝时，只有源出阿拉伯半岛、血统纯正的人才有资格自称阿拉伯人，拥有高贵的身份；而到了阿巴斯王朝，文明的融合进一步加强。"阿拉伯"人这个概念，逐渐包括了帝国属下所有使用阿拉伯语、信仰伊斯兰教的各族人民。以上是简便的说法，实际上各民族间的纷争与融合要复杂得多。虽然帝国各族臣民的阿拉伯身份认同还存在争议，但我们可以认为伍麦叶王朝和阿巴斯王朝的疆域就是阿拉伯地区的疆界。

到了公元 13 世纪阿巴斯王朝为蒙古人所灭。在之后的几个世纪中，阿拉伯地区逐渐并入了奥斯曼土耳其的版图。

19 世纪以来，阿拉伯人的民族意识逐渐觉醒。他们先是摆脱了奥斯曼土耳其的统治，然后又与西方殖民主义作斗争。二战后，阿拉伯国

---

① 艾哈迈午·爱敏. 阿拉伯伊斯兰文化史：第一册［M］. 纳忠，译. 北京商务印书馆，2019：4-5.

家民族解放运动兴起，相继取得民族独立。

1945 年，阿拉伯国家联盟成立。在成立之初，阿盟只有埃及、伊拉克、约旦、黎巴嫩、沙特阿拉伯、叙利亚和也门 7 个成员国。后来逐渐固定为 21 个成员国，即阿尔及利亚、阿联酋、阿曼、埃及、巴勒斯坦、巴林、吉布提、科威特、黎巴嫩、利比亚、毛里塔尼亚、摩洛哥、沙特阿拉伯、苏丹、索马里、突尼斯、叙利亚、也门、伊拉克、约旦、科摩罗。至此，对阿拉伯世界的范畴有了较为清晰的界定，即由这 21 个阿盟成员国构成。

而阿拉伯人身份的认定大抵也有了三个标准：在政治上，如果一个人是阿盟成员国的国民，那么他一般被认为是阿拉伯人；在语言上，如果一个人的母语是阿拉伯语，那么他一般也被认为是阿拉伯人；在基因上，如果一个人的祖先曾经生活在阿拉伯半岛，那么他很可能有着阿拉伯人的身份认同。

古籍的范畴

本书分为上下两编。

上编收录了二十四史及《资治通鉴》等其他史书中对阿拉伯的记载。二十四史中每条引文后附有按语，作简要说明；其他史书中所记事迹大都与二十四史重复，可与二十四史引文相参照。二十四史中的引文按朝代顺序分章，每章末有小结，总结所引史籍中体现的该朝与阿拉伯交往的情况。

下编收录了 12 部涉及阿拉伯的中外交通古籍中的相关记载，分别为：《经行记》《萍洲可谈》《岭外代答》《诸蕃志》《岛夷志略》《异域志》《西洋番国志》《瀛涯胜览》《星槎胜览》《西洋朝贡典录》《殊域周咨录》，截至 1839 年林则徐组织编纂的《四洲志》。还收录了一些有关阿拉伯的古代诗词作品。

　　本书上编为史书，以记述中阿交往的史实为主；下编杂有各类史地著作及诗文，以记录阿拉伯风土、人情、物产等为主。

01

| 上 编 |

第一章　唐代以前正史中的阿拉伯

一、唐代以前史籍中对阿拉伯的称谓及其来源

中国人对于西域各民族的了解始于张骞。张骞"凿空"之举使中原王朝与西域第一次建立了正式联系，"西北国始通于汉"。张骞并未到达过阿拉伯地区，但从安息①人口中听说了阿拉伯地区（即安息人所说的"条枝"）。

汉时之"条枝"与唐时之"大食"皆 Tazi 或 Tajik 之译音，Tazi 来自 Tajik，Tajik 来自 Tayyi'。有学者认为，Tayyi' 为北阿拉伯一个大部落的名称。有学者认为，"条枝"泛指美索不达米亚。②"波斯人自昔即称阿拉伯人以是名。张骞闻自安息人，而唐初又传自波斯人也。"③

唐代以前，在《史记》《汉书》《后汉书》《晋书》《魏书》《周书》《北史》《隋书》等史籍中均出现了对于"条枝"（又作"条支"）

---

① 安息帝国即帕提亚帝国（公元前 247 年—公元 224 年），是亚洲西部伊朗地区古典时期的奴隶制帝国。
② 江淳，郭应德. 中阿关系史 [M]. 北京：经济日报出版社，2001：20.
③ 张星烺. 中西交通史料汇编（第二册）[M]. 北京：中华书局，2003：119.

的记载。

二、《史记》中对阿拉伯的记载

> 条枝在安息西数千里，临西海。暑湿。耕田，田稻。有大鸟，卵如甕。人众甚多，往往有小君长，而安息役属之，以为外国。国善眩。安息长老传闻条枝有弱水、西王母，而未尝见。（《史记·大宛列传》）

按语：《史记·大宛列传》是中国史籍中最早的边疆和域外地理专篇。列传所记以大宛为中心，旁及周围一些国家、部落，远至今西亚南部、南亚一些地方，也涉及中国新疆和川、滇部分地区。列传叙述了这些地区的地理和历史情况，包括位置、距离、四邻、农牧业、物产、人口、兵力与城邑等。《大宛列传》言简意赅，不仅叙述了开辟"丝绸之路"的艰苦历程，并且反映出中国古代人民地理知识的不断增长与视野的不断扩大，是研究中国地理学史和中亚等地历史地理的重要文献。

本段记叙了条枝的地理位置："在安息西数千里，临西海"。汉魏史籍中所见安息国，乃指帕提亚朝波斯，"安息"（an－siak）系帕提亚王室 Arsaks 之音译。[1] 全盛时期的安息帝国疆域北达小亚细亚东南的幼发拉底河，东抵阿姆河。那么"西海"指的是哪呢？其实西海之称见诸多部古籍，但指向并不明确，可以说，中原以西地区的湖海皆可称之为西海。一般认为，此处"西海"与《后汉书》中"班超遣甘英穷临西海而归"所指应一致，均为波斯湾。也有学者认为两处"西海"均

---

① 余太山．安息与乌弋山离考［J］．《敦煌学辑刊》，1991（2）：82.

指地中海。

"有大鸟，卵如甍。""大鸟"指鸵鸟，产的蛋像酒瓮那么大。汉唐史书中对阿拉伯鸵鸟多有记载。而鸵鸟在阿拉伯当地的文化中也有着悠久及重要的地位。在利雅德的史前石洞壁画上就刻有一只成年的阿拉伯鸵鸟及 11 只雏鸟。在新亚述帝国的美索不达米亚，它们是祭牲，并会被绘画在杯子或其他用鸵鸟蛋造成的工艺品上，出售远至伊特鲁利亚。穆斯林的兴起令阿拉伯鸵鸟成为财富及高贵的象征。狩猎鸵鸟成为贵族及富商的余兴节目，它们的蛋、羽毛及皮革则大量被用在手工业上。活生生的阿拉伯鸵鸟及其制成品都被出口至中国。在贾希利叶时期，鸵鸟就出现在了悬诗诗人安塔拉·本·沙达德的诗作中。到了阿拉伯帝国时期，阿拉伯鸵鸟亦载于一些著作中，如贾希兹的《动物书》等。

"往往有小君长，而安息役属之，以为外国"，则言条枝往往存在一些小王国，受安息帝国的役使管辖，为安息的外番国。据古代历史学家的记述和南阿拉伯地区出土的铭文记载，伊斯兰教诞生前，阿拉伯人虽建立过赛伯邑、麦因、希米叶尔、奈伯特、帕尔米拉、希拉、迦萨尼等王国，但这些王国还不是严格意义上的国家，而更类似于部落联盟。阿拉伯人的力量弱小而分散，受周边强大民族（如波斯、罗马）的强烈影响和辐射。安息帝国在其强盛时定都泰西封，即今伊拉克首都巴格达东南 32 公里处，其势力对阿拉伯各部落的辐射可想而知。这些都与《史记》中的记载相印证。

本段提及安息长老传闻条枝有西王母。虽然《山海经》《穆天子传》等诸多中国古籍都提到了西王母，但很多学者都认为西王母是外来神话。丁谦《穆天子传地理考证》以为，"西王母者，古加勒底国之月神也"。刘师培则以为"西王母之邦"在"波斯东北"（《穆天子传补释》），此外还有人认为西王母原在两河流域（即美索不达米亚），而后又东迁的。吕思勉先生也曾作《西王母考》，推测"所谓西王母者，将愈推而愈西，而因有王莽之矫诬，乃又曳之而东，而致诸今青海之境"。

"眩"即魔术。魔术在阿拉伯语中被称为"希赫尔"（سحر），曾是贾希利叶时期阿拉伯人的旧俗，后为伊斯兰教所摒弃。《古兰经》中曾多次提及魔术，并加以斥责，如"众恶魔却叛道了——他们教人魔术，并将巴比伦的两个天神哈鲁特和马鲁特所得的魔术教人"（2：102）等。这从侧面佐证了魔术在贾希利叶时期的阿拉伯的盛行。

三、《汉书》对阿拉伯的记载

> 汉始筑令居以西，初置酒泉郡，以通西北国。因益发使抵安息、奄蔡、犛靬、条枝、身毒国。（《汉书·张骞李广利传》）

按语：汉武帝时期开始从令居①向西修筑要塞，新设酒泉郡，以便通往西域各国。汉朝于是益发增派使者到安息、奄蔡②、犛靬③、条支、身毒国④。

汉武帝大破匈奴之后，于公元前 121 年在黄河以西的匈奴休屠王、浑邪王故地设酒泉郡，随后又设武威郡、张掖郡和敦煌郡，并称为"河西四郡"。再加上敦煌以西的阳关和玉门关，史称"列四郡，据两

---

① 古县名，治所在今甘肃永登西北，地当湟水流域通向河西走廊的要冲。
② 古代亚洲西北部游牧渔猎民族建立的西域古国，位于西伯利亚西南部的欧洲和亚洲的交界处。
③ 有人认为指罗马所辖亚洲西部地区，有人认为相当于沙姆地区佩特拉一带，有人认为即埃及的亚历山大港。
④ 先秦时期至隋唐时期之间对现代南亚次大陆上之文明区域的称呼。

关"。中央政府对河西走廊的有效控制使得丝路畅通，与中亚、西亚、南亚各国的官方、非官方人员和商品交流日益增多。

　　乌弋山离国，王去长安万二千二百里。不属都护。户口胜兵，大国也。东北至都护治所六十日行，东与罽宾、北与扑挑、西与犁靬、条支接。

　　行可百余日，乃至条支。国临西海，暑湿，田稻。有大鸟，卵如甕。人众甚多，往往有小君长，安息役属之，以为外国。善眩。安息长老传闻条支有弱水、西王母，亦未尝见也。自条支乘水西行，可百余日，近日所入云。

　　安息国，王治番兜城，去长安万一千六百里。不属都护。北与康居、东与乌弋山离、西与条支接。（《汉书·西域传》）

按语：乌弋山离国①即安息帝国的东部地区，阿拉伯地区在二者西边。关于条支风土人情的记载，本段基本引用了《史记》中的记载。

只增一句"自条支乘水西行，可百余日，近日所入云"。其意为：从条支坐船向西，走一百余天，可到太阳落入的地方。这里到底是指从地中海往西，到达马格里布地区，还是指从印度洋波斯湾往西，尚无定论。

　　娃娃公主，乃女乌孙，使命乃通，条支之濒。（《汉书·叙传下》）

---

① 公元前 2 世纪至公元 1 世纪，位于亚洲西部伊朗高原东部的一个地区或半独立国家。

　　按语：《汉书·叙传下》为作者班固对该书各章节的概述。此句出现在对《西域传》的概述中，意为：美貌的公主，嫁给乌孙①，使命于是畅通，使臣到达条支海岸。

四、《后汉书》对阿拉伯的记载

　　　冬十一月，安息国遣使献师子及条枝大爵。（《后汉书·孝和孝殇帝纪》）

　　按语：这里的冬十一月在东汉和帝永元十三年，即公元 101 年，安息帝国国王为奥斯罗埃斯一世（Osroes I，109—128 年在位）。"师子"即狮子，"大爵"即鸵鸟。李贤注引郭义恭《广志》曰："大爵，颈及身膺蹄都似橐驼，举头高八九尺，张翅丈馀，食大麦，其卵如瓮，即今之驼鸟也。"

　　　西郊则有上囿禁苑，林麓薮泽，陂池连乎蜀、汉，缭以周墙，四百余里，离宫别馆，三十六所，神池灵沼，往往而在。其中乃有九真之麟，大宛之马，黄支之犀，条枝之鸟，逾昆仑，越巨海，殊方异类，至三万里。（《后汉书·班彪列传》）

　　按语：《后汉书》此段引用班彪的《两都赋》，描述了东汉西都长安城的盛景。长安西郊是皇家的苑囿禁地，圈养着各类珍禽异兽，它们越过昆仑，跨过大海，历经数万里来到这里。其中之一便是"条枝之

――――――――――

　　①　西汉时由游牧民族乌孙在西域建立的行国，位于巴尔喀什湖东南、伊犁河流域。

鸟"——鸵鸟。看来阿拉伯的鸵鸟颇受汉人推崇，是异域奇珍的代表之一，与"九真之麟，大宛之马，黄支之犀"并列。

> 条支国城在山上，周回四十余里。临西海，海水曲环其南及东北，三面路绝，唯西北隅通陆道。土地暑湿，出师子、犀牛、封牛、孔雀、大雀。大雀其卵如甕。
>
> 转北而东，复马行六十余日至安息。后役属条支，为置大将，临领诸小城焉。
>
> 安息国，居和椟城，去洛阳二万五千里。北与康居接，南与乌弋山离接。地方数千里，小城数百，户口胜兵最为殷盛。其东界木鹿城，号为小安息，去洛阳二万里。
>
> 章帝章和元年，遣使献师子、符拔。符拔形似麟而无角。和帝永元九年，都护班超遣甘英使大秦，抵条支。临大海欲度，而安息西界船人谓英曰："海水广大，往来者逢善风三月乃得度，若遇迟风，亦有二岁者，故入海人皆赍三岁粮。海中善使人思土恋慕，数有死亡者。"英闻之乃止。十三年，安息王满屈复献师子及条支大鸟，时谓之安息雀。（《后汉书·西域传》）

按语：甘英是正史中所载第一个到达条支的中国人。汉和帝永元九年（97 年），甘英"使大秦，抵条支"，由于安息人担心中国直接与大秦（即东罗马帝国）接触，会使其丧失贸易上的垄断地位，故向甘英夸大海路到达大秦的艰险，又不告知有陆路通往大秦，致使甘英"闻之乃止"，最终未能到达大秦。

有学者认为①，此处"条支"是指希拉王国（位于今伊拉克中部）。那么"海水曲环其南及东北"，其南的海就是波斯湾，其东北的海就是里海了。而安息帝国也正位于其东北。

五、《三国志注》对阿拉伯的记载

自是以西，大宛、安息、条支、乌弋。乌弋一名排特，此四国次在西，本国也，无增损。前世谬以为条支在大秦西，今其实在东。前世又谬以为强于安息，今更役属之，号为安息西界。前世又谬以为弱水在条支西，今弱水在大秦西。前世又谬以为从条支西行二百馀日，近日所入，今从大秦西，近日所入。大秦国一号犁靬，在安息、条支西大海之西，从安息界安谷城乘船，直截海西，遇风利二月到，风迟或一岁，无风或三岁。（裴松之注《三国志·魏书·乌丸鲜卑东夷传》）

按语：此段是裴松之注《三国志·魏书·乌丸鲜卑东夷传》中引用鱼豢《魏略·西戎传》中的记载。按照这段记载，大秦"在安息、条支西大海之西"，"从安息界安谷城乘船，直截海西"可到，那么此处"海西"则不太可能是波斯湾，而应是地中海。有学者据此认为，"安息西界"在本传中用作"条支"的代名词，"安谷城"是叙利亚 Antiochia 城的缩译。而"条支"指的是塞琉古朝叙利亚王国。②

① 莫任南. 甘英出使大秦的路线及其贡献［J］. 世界历史，1982（2）：16.
② 余太山.《魏略·西戎传》要注［J］. 中国边疆史地研究，2006（2）：132 - 135.

又今西域旧图云罽宾、条支诸国出琦石，即次玉石也。（裴松之注《三国志·魏书·乌丸鲜卑东夷传》）

按语：此段亦是裴松之注《三国志·魏书·乌丸鲜卑东夷传》中引用鱼豢《魏略·西戎传》中的记载。此处"次玉石"很可能指的是祖母绿。"祖母绿"的名称就是来自古波斯语 Zumurud 的音译，其阿拉伯语名称"زمرد"也与此发音相似。

六、《晋书》《魏书》《周书》《北史》《隋书》对阿拉伯的记载

条支巨爵，逾岭自致。（《晋书·张华列传》）

按语：该句引自张华的《鹪鹩赋》。"条支巨爵"或"条支大鸟"在两汉时期的典籍中已多次被提及，成为一种文化符号。

见胡桐于大夏，识鸟卵于条支。（《周书·王褒庾信列传》）

按语：此句引庾信的《哀江南赋》。"大夏"和"条支"均为西域古国，这里用"大夏"之"胡桐"和"条支"之"鸟卵"这两个异域珍稀，暗喻异族人侯景。

波斯国，都宿利城，在忸密西，古条支国也。（《魏书·西域列传》《北史·西域列传》）

波斯国，大月氏之别种，治苏利城，古条支国也。（《周书·异域列传下》）

波斯国，都达曷水之西苏蔺城，即条支之故地也。（《隋书·西域列传》）

按语：记载北朝和隋代历史的《魏书》《周书》《隋书》《北史》对于西域的记载互相援引，差异甚微。其中均记载波斯是古条支国的故地，应是误传。

条支国，在安息西，去代二万九千四百里。（《北史·西域列传》）

按语：《北史·西域列传》中关于"条支国"的部分只有此一句。

若使北狄无虞，东夷告捷，必将修轮台之戍，筑乌垒之城，求大秦之明珠，致条支之鸟卵，往来转输，将何以堪其弊哉！（《隋书·西域列传》《北史·西域列传》）

按语：《北史》是汇合并删节记载北朝历史的《魏书》《北齐书》《周书》《隋书》而编成的纪传体史书。此句为《隋书》和《北史》中《西域列传》的结语中的一句，《北史》"论曰"全文援引《隋书》"史臣曰"作。《北史·西域列传》的主旨意思是君主应该内修德政，不应好大喜功，进行劳民伤财的对外开拓征服。本句就是批评隋炀帝好大喜功，他要不是征高句丽和琉球失败的话，"必将修轮台之戍，筑乌垒之城，求大秦之明珠，致条支之鸟卵"，进行更大规模的对外征伐，更加劳民伤财，使天下不堪其弊。这种论点符合儒家"远人不服，修文德以来之"的观点，但现在应该辩证来看：秦皇汉武的开疆拓土虽然加重了当时百姓的负担，但促进了各民族间的交往、融合，对中华民族的形成和发展产生了深远影响。

七、小结

两汉时期，中国对阿拉伯的了解主要通过陆上丝绸之路的商贾往来和使节互访。西汉张骞凿空之旅首通西域，东汉班超"遣掾甘英穷归西海"首次到达波斯湾。再加之西域都护府的设立，加强了汉朝对西域地区的管理，保障了东西商路的畅通，促进了中原地区和西域广大地区的交流，以至于形成了"驰命走驿，不绝于时月；商胡贩客，日款于塞下"① 盛景。

但毕竟路途遥远，受当时交通条件所限，真正到过阿拉伯的中国人少之又少，两汉史籍中对阿拉伯的了解往往是间接的，如通过安息人，所以对阿拉伯的记载会有些不确切的地方。

学者们根据《史记》《后汉书》对条支国地理、物产的记载以及"条支"对音，推证条支国及与其相邻的"西海"的地望。大多数学者认为条支位于今两河流域卡尔提阿半岛希拉（Hira），而西海即波斯湾。日本学者宫崎市定主张西海即地中海，条支即塞琉古王国都城安条克（Antiocha，今土耳其安塔基亚）外港塞琉西亚（Seleucia）之说亦具有一定影响力。② 按照甘英出使的路线，前一种观点更为可信，但《魏略》等史书为后一种观点提供了依据。也可能两种说法均是正确的，造成这种误解只是因为当时人对"条支"和"西海"的认识比较模糊、

---

① 《后汉书·西域传》。
② 颜世明，刘兰芬. 甘英出使大秦：研究述评与再审视［J］. 西北民族大学学报（哲学社会科学版），2015（6）：62.

宽泛罢了。

两汉之后，三国两晋南北朝的史书对阿拉伯记载较少，因为中原地区战乱频仍，已经失去了对西域的控制。在两晋及南北朝时期，汉族政权偏安长江以南，与西域的交通被少数民族所建立的政权，特别是统一了北方的北魏及其后继者东魏、西魏、北齐、北周控制，但当时北朝政权在统一北方之后想的是如何统一中国，无暇顾及西域。

隋朝实现大一统之后，隋炀帝有雄心抱负对外开拓，但征高句丽、琉球均不顺利，且其好大喜功加重了人民的负担，国内义军四起，隋朝建国仅三十余年就宣告灭亡。但隋朝的大一统局面为之后唐朝对外交往的繁荣奠定了基础。

第二章　唐代正史中的阿拉伯

一、唐代史籍对于伊斯兰教诞生前的阿拉伯的记载

三月癸酉，西突厥叶护可汗、高昌王曲伯雅遣使朝贡。突厥贡条支巨鸟。（《旧唐书·高祖本纪》）

武德三年，遣使贡条支巨卵。（《旧唐书·突厥列传》）

射匮亦连年系贡条支巨卵、师子革等，帝厚申抚结，约与并力讨东突厥。（《新唐书·突厥列传》）

按语："突厥贡条支巨鸟"发生在唐高祖武德三年，即公元620年。其时正是穆罕默德在麦加传教的第十年，穆罕默德的妻子和伯父在这一年先后归真，失去家族保护的穆罕默德饱受麦加贵族迫害，准备迁往麦地那。这时，离伊斯兰历元年（622年）还有两年。

《新唐书》中的射匮可汗即《旧唐书》中叶护可汗之兄，公元618年，射匮死，其弟叶护可汗即位。可见进贡之事乃西突厥惯例之延续。"条支巨卵"被视作一种祥瑞，《宋史》中亦云："当年丹徒贡白鹿，姑苏进白龟，条支之雀来，颍川之雉至。"（《宋史·律历志》）

这几条记载均发生在伊斯兰教历元年（622 年）之前，且都用"条支"旧名，记载内容亦为进贡之事，与前朝相似。

二、《旧唐书》《新唐书》对伊斯兰教诞生后的阿拉伯的记载

八月乙丑，大食国始遣使朝献。（《旧唐书·高宗本纪》）

按语：此次朝献发生在唐高宗永徽二年，即公元 651 年，阿拉伯处于四大哈里发中的第三任哈里发奥斯曼的统治之下。在这一年，阿拉伯人彻底灭亡了波斯人的萨珊王朝，把波斯完全置于阿拉伯帝国的版图中。

六月，大食国遣使朝贡。（《旧唐书·高宗本纪》）

按语：此次朝贡发生在唐高宗永徽六年，即公元 655 年，阿拉伯仍处于第三任正统哈里发奥斯曼的统治之下。奥斯曼派遣使节抵达长安与唐朝通好，唐高宗即为穆斯林使节敕建清真寺。此后双方来往频繁，见于我国史书记载的，大食使节来华次数达 40 次之多。①

高宗从之，因命行俭册送波斯王，仍为安抚大食使。（《旧唐书·裴行俭列传》）

帝因诏行俭册送波斯王，且为安抚大食使。（《新唐书·裴行俭列传》）

---

① 江淳，郭应德. 中阿关系史 [M]. 北京：经济日报出版社，2001：30.

二十一年，伊嗣候遣使献一兽，名活褥蛇，形类鼠而色青，身长八九寸，能入穴取鼠。伊嗣候懦弱，为大首领所逐，遂奔吐火罗，未至，亦为大食兵所杀。其子名卑路斯，又投吐火罗叶护，获免。卑路斯龙朔元年奏言频被大食侵扰，请兵救援。诏遣陇州南由县令王名远充使西域，分置州县，因列其地疾陵城为波斯都督府，授卑路斯为都督。是后数遣使贡献。咸亨中，卑路斯自来入朝，高宗甚加恩赐，拜右武卫将军。

仪凤三年，令吏部侍郎裴行俭将兵册送卑路斯为波斯王，行俭以其路远，至安西碎叶而还，卑路斯独返，不得入其国，渐为大食所侵，客于吐火罗国二十余年，有部落数千人，后渐离散。至景龙二年，又来入朝，拜为左威卫将军，无何病卒，其国遂灭，而部众犹存。

自开元十年至天宝六载，凡十遣使来朝，并献方物。四月，遣使献玛瑙床。九年四月，献火毛绣舞筵、长毛绣舞筵、无孔真珠。乾元元年，波斯与大食同寇广州，劫仓库，焚庐舍，浮海而去。大历六年，遣使来朝，献真珠等。（《旧唐书·西戎列传·波斯》）

贞观十二年，遣使者没似半朝贡。又献活褥蛇，状类鼠，色正青，长九寸，能捕穴鼠。伊嗣侯不君，为大酋所逐，奔吐火罗，半道，大食击杀之。子卑路斯入吐火罗以免。遣使者告难，高宗以远不可师，谢遣。会大食解而去，吐火罗以兵纳之。

龙朔初，又诉为大食所侵，是时天子方遣使者到西域分置州县，以疾陵城为波斯都督府，即拜卑路斯为都督。俄为大食所灭。虽不能国，咸亨中犹入朝，授右武卫将军，死。始，其子泥涅师为质，调露元年，诏裴行俭将兵护还，将复王其国。以道远，至安西碎叶，行俭还。泥涅师因客吐火罗二十年，部落益离散。景龙初，复来朝，授左威卫将军。病死，西部独存。开元、天宝间，遣使者十辈献码磲床、火毛绣舞筵。乾元初，从大食袭广州，焚仓库庐舍，浮海走。大历时复来献。（《新唐书·西域列传·波斯》）

按语：随着阿拉伯半岛上的阿拉伯人在伊斯兰教的旗帜下开始对外进行军事扩张，萨珊波斯国王伊嗣俟三世无力抵抗阿拉伯人的入侵，从632年开始，萨珊波斯逐渐为阿拉伯军队蚕食，伊嗣俟三世无计可施，不断东逃，最终在位于中亚的木鹿城（今土库曼斯坦马雷附近）被杀。

伊嗣俟三世被杀后，他的两个儿子卑路斯和巴赫拉姆当时依然健在。迫于紧追不舍的阿拉伯人的压力，他们逃到了东方向唐王朝求助。

现在能看到的关于波斯王子落难中国的记录主要来源于两部官修正史——《旧唐书》与《新唐书》。但两书的记载有所差异。

根据《旧唐书》和《新唐书》，伊嗣候（伊嗣俟）因治国不当，被大酋长驱逐，出奔吐火罗①并于半路被大食击杀。其子卑路斯成功逃到吐火罗获得庇护，并在龙朔元年（661年）请求唐朝出兵救援，但唐高宗认为路途遥远，并未出兵。唐朝派王名远出使西域，分置州县，将其所在的疾陵城设为波斯都督府，卑路斯为都督，但很快被大食所灭。咸亨年间，卑路斯亲自来朝，高宗封其为右武卫将军。

关于波斯王子卑路斯国破家亡后的经历，《新唐书》和《旧唐书》的记载却有颇多抵牾之处。《旧唐书》中，卑路斯先后两次被高宗授职，第一次是右武卫将军，第二次是左威卫将军。《新唐书》中，卑路斯并没有先后被授予右武卫将军和左威卫将军，当上左威卫将军的是他

---

① 位于今天的阿富汗北部乌浒水（今阿姆河）上游即缚刍河流域。中国唐朝以前称其为大夏，自唐朝开始称其为吐火罗。

在唐朝宫廷当了质子的儿子泥涅师。同样，客居吐火罗二十年的也是他儿子。以卑路斯的年龄推断，《新唐书》的说法更加可信一些。调露元年（679 年），高宗下诏裴行俭护送泥涅师返回波斯为王，但裴行俭于碎叶返回。泥涅师因此滞留吐火罗二十年，部众离散。泥涅师在景龙初年再次来朝，泥涅师被授左威卫将军，随后病死。

此外，《旧唐书》和《新唐书》中对萨珊波斯末代国王的名字记载不一，《旧唐书》是伊嗣候，《新唐书》为伊嗣俟。有学者考证，以中古波斯语这个名字的实际发音 Yazdākird 来看，后者的转写相对准确，前者的"候"可能是由于誊抄较为生僻的"俟"字时形近致讹了。

但《新唐书》中"西部独存"的说法不合常理——阿拉伯人正是从萨珊波斯的西面打来，将其吞没的。波斯王子被迫一路流落东土，所谓西部独存显然是不可能的。而作为卑路斯来华前最后落脚点的疾陵城，即今阿富汗西南部的扎兰季，也并非处在萨珊波斯的西部。

但无论如何，卑路斯及其子在亡国后来中国，并最终病卒于此是可以肯定的。虽然唐高宗对前来求援的波斯使节颇多礼遇，但是毕竟波斯路远，加之应付西突厥和吐蕃才是唐朝皇帝最关心的问题，因此所谓援助也多为象征性的。如卑路斯在疾陵城期间，唐朝封其为波斯都督，但并未对其提供任何军事保护。以至于在公元 674 年，卑路斯由于大食的不断侵逼被迫逃离中亚，身入中国。

虽然在 679 年，唐朝任命裴行俭为安抚大食使，护送波斯王子回国复位，但实际上真实打算是攻打吐蕃和西突厥。也因此，当裴行俭行军至碎叶城，成功平定西突厥后，就立碑凯旋。泥涅师靠着部众在吐火罗苦撑了二十多年后，终于在 708 年逃回长安。

虽然唐代史料此后还有零星的报告说波斯使团来访长安，但萨珊波斯帝国最后的流亡王朝终究就此烟消云散。剩余的贵族迁到中亚定居，他们在当地传播波斯文化及语言，并在 9 世纪下半叶建立了第一个波斯人的伊斯兰王朝——萨曼王朝。萨曼王室是波斯萨珊王朝君主巴赫拉姆六世的后裔，波斯文化在此期间复兴，并加入了新的内涵。

> 咸亨二年，以西突厥部酋阿史那都支为左骁卫大将军兼匐延都督，以安辑其众。仪凤中，都支自号十姓可汗，与吐蕃连和，寇安西，诏吏部侍郎裴行俭讨之。行俭请毋发兵，可以计取。即诏行俭册送波斯王子，并安抚大食，若道两蕃者。都支果不疑，率子弟止谒，遂禽之，召执诸部渠长，降别帅李遮匐以归，调露元年也。西姓自是益衰，其后二部人日离散。（《新唐书·突厥列传》）

按语：671 年，唐高宗以阿史那都支为左骁卫大将军兼匐延都督，以安辑咄陆五部。676 年，都支自号十姓可汗，与吐蕃联合，攻打安西，高宗诏命吏部侍郎裴行俭讨伐。裴行俭请皇帝先不要发兵，可以智取。679 年，高宗又下诏命裴行俭护送波斯王子卑路斯，并安抚大食。阿史那都支没有怀疑，率子弟谒见，裴行俭遂擒都支，降李遮匐，把他们押回了长安。可见裴行俭名为护送波斯王子回国，实则意在征讨西突厥。

> 大食使者献师子，璹曰：“是兽非肉不食，自碎叶至都，所费广矣。陛下鹰犬且不蓄，而厚资养猛兽哉！”有诏大食停献。（《新唐书·姚璹列传》）

按语：狮子一直被历代王朝视为奇珍异兽，吐火罗国、波斯、大食都曾用狮子作为贡品。此事发生在武周时期（690—704 年），此时阿拉伯帝国正处于伍麦叶王朝。由此段可知，碎叶（中亚吉尔吉斯斯坦首都比什凯克以东）已是阿拉伯帝国的势力范围了。

　　文武百僚，二王后，孔子后，诸方朝集使，岳牧举贤良及儒生、文士上赋颂者，戎狄夷蛮羌胡朝献之国，突厥颉利发，契丹、奚等王，大食、谢䫅、五天十姓，昆仑、日本、新罗、靺鞨之侍子及使，内臣之番，高丽朝鲜王，百济带方王，十姓摩阿史那兴昔可汗，三十姓左右贤王，日南、西竺、凿齿、雕题、牂柯、乌浒之酋长，咸在位。（《旧唐书·礼仪志》）

按语：唐玄宗于开元十三年（725 年）率百官、贵戚及外邦客使，东至泰山封禅。外邦客使中就包括大食人。

　　又有陀拔斯单者，或曰陀拔萨惮。其国三面阻山，北濒小海。居婆里城，世为波斯东大将。波斯灭，不肯臣大食。天宝五载，王忽鲁汗遣使入朝，封为归信王。后八年，遣子自会罗来朝，拜右武卫员外中郎将，赐紫袍、金鱼，留宿卫。为黑衣大食所灭。（《新唐书·西域列传》）

按语：陀拔斯单国位于里海沿岸，原为波斯属国。波斯灭亡后，不肯臣服大食。天宝年间，其国王遣使来朝。后被阿巴斯王朝所灭。

　　自大食强盛，渐陵诸国，乃遣大将军摩栧伐其都城，因约为和好，请每岁输之金帛，遂臣属大食焉。（《旧唐书·西戎列传·拂菻》）

25

大食稍强，遣大将军摩拽伐之，拂菻约和，遂臣属。（《新唐
书·西域列传·拂菻》）

按语：拂菻即拜占庭帝国。自公元 636 年雅穆克战役直到公元 8 世
纪初，在同阿拉伯帝国的战争中，拜占庭帝国都连连溃败，阿拉伯人占
领了拜占庭所控制的包括耶路撒冷在内的大叙利亚地区以及北非地区。

仙芝约王降，遂平其国。于是拂菻、大食诸胡七十二国皆震
恐，咸归附。（《新唐书·西域列传·小勃律》）

按语：小勃律国，在今克什米尔西北部，都城孽多城（今吉尔吉
特）。唐朝时是葱岭（今帕米尔高原和喀喇昆仑诸山地区）上两个较大
的国家之一。天宝六载（747 年），高仙芝率唐军远征小勃律，李嗣业
与田珍为左右陌刀将。当时十万吐蕃军驻扎在小勃律的婆勒城，据山因
水，堙断崖谷，联木作郛，以抵挡唐军。高仙芝率唐军渡过信图河，到
达城下。李嗣业率步兵持长刀上山，李嗣业引一旗先登上非常险要的地
方。诸将跟着他一齐冲上去，吐蕃军没想到唐军会突然到达，于是大
溃，十分之八九的吐蕃军填溪谷而死或落入水中溺死。唐军于是长驱直
入小勃律，生擒勃律王、吐蕃公主，平定其国，以三千士兵驻守，小勃
律王与吐蕃公主被带回唐朝长安。唐玄宗下诏改其国号为归仁，设置归
仁军。据《新唐书》记载，自平定了小勃律国之后，唐军声威大震，
拂菻、大食诸胡七十二国都震惊并投降归附了。

其年，南天竺国王尸利那罗僧伽请以战象及兵马讨大食及吐蕃
等，仍求有及名其军。玄宗甚嘉之，名军为怀德军。（《旧唐书·

西戎列传·天竺》)

开元时，中天竺遣使者三至；南天竺一，献五色能言鸟，乞师讨大食、吐蕃，丐名其军。玄宗诏赐怀德军。(《新唐书·西域列传·天竺》)

按语：古代印度半岛，自笈多王朝崩溃后，就进入了王国林立的分裂时期，大小有七十多个邦国，唐代史籍将这一地区分为五个部分，即中天竺、东天竺、西天竺、南天竺、北天竺。唐与五天竺诸国，聘使常有往来，到唐玄宗时次数更多。公元 8 世纪以来，大食即阿拉伯帝国的兵锋侵及南亚次大陆，同时强大的吐蕃也屡屡南下威胁天竺的诸小国。唐玄宗开元二年（714 年），南天竺国王请唐攻大食、吐蕃，南天竺愿出兵助战，并请大唐给这支军队命名。于是唐玄宗把这支军队命名为"怀德军"。"怀德"者，顾名思义，即感怀大唐恩德之意。但到了天宝十载（751 年），大唐安西节度使高仙芝率少数安西精锐在怛罗斯与大食主力遭遇，苦战之后，因仆从国的倒戈而失利，正当高仙芝、封常清等安西名将准备再次出兵之时，安史之乱爆发，从此唐军退出了葱岭以西。此时唐王朝再也无暇南顾天竺"怀德军"之事了。

大食与乌苌东鄙接，开元中数诱之，其王与骨咄、俱位二王不肯臣，玄宗命使者册为王。(《新唐书·西域列传·摩揭陀》)

按语：乌苌是梵文 Udyana 的意译，意为"花园"。古国名。故地在今巴基斯坦北部的斯瓦特河（Swat）流域。《新唐书》中记载大食与乌苌东部边境相连。

谢颷居吐火罗西南，本曰漕矩吒，或曰漕矩，显庆时谓诃达罗支，武后改今号。东距罽宾，东北帆延，皆四百里。南婆罗门，西波斯，北护时健。其王居鹤悉那城，地七千里，亦治阿婆你城。多郁金、瞿草。漠泉灌田。国中有突厥、罽宾、吐火罗种人杂居，罽宾取其子弟持兵以御大食。（《新唐书·西域列传·谢颷》）

按语：漕矩吒国（谢颷国）位于今阿富汗东南部。罽宾招收其子弟手持兵器抵御大食。

俱蜜者，治山中。在吐火罗东北，南临黑河。其王突厥延陀种。贞观十六年，遣使者入朝。开元中，献胡旋舞女，其王那罗延颇言为大食暴赋，天子但尉遣而已。天宝时，王伊悉烂俟斤又献马。（《新唐书·西域列传·俱蜜》）

按语：俱蜜国是帕米尔高原西部的古代小国，其所在位置今有二说：一说位于今塔吉克斯坦中部的喀尔提锦；一说位于今塔吉克斯坦南部、濒临喷赤河的罗善地区。其国王向唐玄宗抱怨大食暴敛赋税，唐玄宗只是安慰他然后将他遣送回去。

其王乌勒伽与大食亟战不胜，来乞师，天子不许。（《新唐书·西域列传·康》）

十一载，东曹王设阿忽与安王请击黑衣大食，玄宗尉之，不听。（《新唐书·西域列传·曹》）

米，或曰弥末，曰弥秣贺。北百里距康。其君治钵息德城，永徽时为大食所破。（《新唐书·西域列传·米》）

按语：南北朝、隋、唐时期，把中亚粟特人建立的 10 多个小国泛称为昭武九姓。《新唐书》以康、安、曹、石、米、何、火寻、戊地、史为昭武九姓，而以东安国、毕国、捍、那色波附于其间，曹国又分为东、西、中三国。其中康国为昭武九国之首，在今乌兹别克斯坦撒马尔罕一带，在诸国中面积最大，也是诸国的宗主。康国内附，其他诸国也就相随内附唐朝。7 世纪中下叶起，崛起的阿拉伯帝国扩张威胁到中亚粟特人所建诸国。712 年大食破其城国，国王乌勒伽投降并缔结条约，但于唐玄宗开元七年（719 年）复上表请唐助其反抗大食。康王向唐玄宗写的求援信在《册府元龟》中有完整记载。

东曹首府布恩吉卡特，一说在今乌勒提尤别，一说在乌勒提尤别西南之沙赫里斯坦。722、740 年，东曹国曾屈服于大食人，但直到天宝十一载（752 年）尚上表唐朝请击黑衣大食。

米国治钵息德城（今塔吉克斯坦片治肯特），与康国关系密切。永徽五年（654 年，伊历 33 年）为大食所破。

　　王伊捺吐屯屈勒上言："今突厥已属天可汗，惟大食为诸国患，请讨之。"天子不许。天宝初，封王子那俱车鼻施为怀化王，赐铁券。久之，安西节度使高仙芝劾其无蕃臣礼，请讨之。王约降，仙芝遣使者护送至开远门，俘以献，斩阙下，于是西域皆怨。王子走大食乞兵，攻怛逻斯城，败仙芝军，自是臣大食。宝应时，遣使朝贡。（《新唐书·西域列传·石》）

按语：石国在今塔什干一带，为昭武九姓之一。713、714 年大食人侵入石国。开元初封其君莫贺咄吐屯为石国王。开元九年（721 年）

伊捺吐屯屈勒嗣立，请讨大食。开元二十七年（739 年）莫贺咄吐屯复助唐擒突骑施可汗吐火仙，封为顺义王。740 年大食埃米尔纳斯尔入侵。天宝九载（750 年）石国王子走大食乞兵，攻怛罗斯，败唐将高仙芝军。753 年唐封石国王子那俱车鼻施为怀化王。石国至宝应元年（762 年）尚遣使朝贡于唐。

　　初，仙芝绐石国王约为和好，乃将兵袭破之，杀其老弱，虏其丁壮，取金宝瑟瑟驼马等，国人号哭，因掠石国王东，献之于阙下。其子逃难奔走，告于诸胡国。群胡忿之，与大食连谋，将欲攻四镇。仙芝惧，领兵二万深入胡地，与大食战，仙芝大败。会夜，两军解，仙芝众为大食所杀，存者不过数千。事窘，嗣业白仙芝曰："将军深入胡地，后绝救兵。今大食战胜，诸胡知，必乘胜而并力事汉。若全军没，嗣业与将军俱为贼所虏，则何人归报主？不如驰守白石岭，早图奔逸之计。"仙芝曰："尔，战将也。吾欲收合余烬，明日复战，期一胜耳。"嗣业曰："愚者千虑，或有一得，势危若此，不可胶柱。"固请行，乃从之。路隘，人马鱼贯而奔。会跋汗那兵众先奔，人及驼马塞路，不克过。嗣业持大棒前驱击之，人马应手俱毙。胡等遁，路开，仙芝获免。仙芝表其功，加骠骑左金吾大将军。（《旧唐书·李嗣业列传》）

　　初，仙芝特以计袭取石，其子出奔，因构诸胡共怨之，以告大食，连兵攻四镇。仙芝率兵二万深入，为大食所败，残卒数千。事急，嗣业谋曰："将军深履贼境，后援既绝，而大食乘胜，诸胡锐于斗，我与将军俱前死，尚谁报朝廷者？不如守白石岭以为后计。"仙芝曰："吾方收合馀烬，明日复战。"嗣业曰："事去矣，不可坐须菹醢。"即驰守白石，路既隘，步骑鱼贯而前。会拔汗那还兵，辎饷塞道不可骋，嗣业惧追及，手梃鏖击，人马毙仆者数十百，虏骇走，仙芝乃得还。表嗣业功，进右金吾大将军，留为疏勒镇使。（《新唐书·李嗣业列传》）

仙芝讨大食，围怛逻斯城。会虏救至，仙芝兵却，士相失。秀实夜闻副将李嗣业声，识之，因责曰："惮敌而奔，非勇也；免己陷众，非仁也。"嗣业惭，乃与秀实收散卒，复成军，还安西，请秀实为判官。（《新唐书·段秀实列传》）

按语：怛罗斯之战的发生时间在天宝十载（751 年）7 月—8 月，以阿拉伯帝国惨胜告终①。新、旧《唐书》中的《李嗣业列传》和《段秀实列传》记载了战役的经过。

高仙芝用计偷袭攻占石国②，俘虏石国国王。石国国王之子逃跑，挑拨各族都怨恨高仙芝，并与大食国联合准备进攻四镇。高仙芝得知后，率领胡汉两万军队进攻大食国，深入其国境内七百余里，到怛罗斯城③时，与大食军队相遇。双方相持五日，此时葛罗禄④部众反叛唐朝，与大食夹攻唐军，高仙芝大败，士卒阵亡殆尽，仅剩残余士卒数千人。当时情况非常紧急，李嗣业对高仙芝谋划说："您率兵深入敌境，后无援兵，大食军乘胜进攻，他们其他各族军队也将勇猛敢斗，我和您都前去战死，谁来报效国家呢？不如退守白石岭考虑退兵。"高仙芝说：

---

① 伤亡情况通常有两种数据：一、阿拉伯方面伤亡七万，唐军伤亡一万五千；二、阿拉伯方面伤亡三万，唐军伤亡八千。
② 石国，西域古国，昭武九国之一，在今乌兹别克斯坦塔什干一带。
③ 怛罗斯所在地还未完全确定，但应在葱岭（今帕米尔高原）以西、吉尔吉斯斯坦与哈萨克斯坦的相邻边境、塔拉兹地区。
④ 亦称葛逻禄、卡尔鲁克等，是 6—13 世纪中亚的一个操突厥语的游牧部落，是铁勒人诸部之一，地处北庭西北，金山（今阿尔泰山）之西，与车鼻部接。

"我正召集被打散的军队，明天再和他们交战。"李嗣业说："大势已去，不能坐等杀头。"于是立即赶去扼守白石岭，由于道路狭窄，所以只能步兵、骑兵一个跟着一个前进，恰逢遇上拔汗那①退兵，辎重车堵住道路不能过，李嗣业怕被追上，于是手拿大棒打他们，士兵和马匹被打倒的有几十上百，拔汗那的异族军被吓跑，高仙芝才得以生还。高仙芝向朝廷奏报李嗣业的功劳，朝廷升任李嗣业为右金吾大将军，留任疏勒镇使。

另一位名将段秀实在战后与李嗣业一道收拾败卒有功，也得到了升迁。

　　八月，仙芝以小勃律王及妻自赤佛道还连云堡，与令诚俱班师。于是拂菻、大食诸胡七十二国皆震慑降附。
　　……
　　九载，讨石国，其王车鼻施约降，仙芝为俘献阙下，斩之，由是西域不服。其王子走大食，乞兵攻仙芝于怛逻斯城，以直其冤。
（《新唐书·高仙芝列传》）

按语：高仙芝是唐朝中期名将，高句丽人。其生平最重要的战功就是在天宝六载（747年）平定小勃律国。"拂菻、大食诸胡七十二国皆震慑降附"就是在他平定小勃律国之后。

高仙芝领导的另一场更为人所知的战役是怛罗斯之战。但《旧唐书·高仙芝传》只字未提这场战役，而《新唐书·高仙芝传》近1800字，仅有上述所引50余字记录此战，不可谓不简略。可见新、旧《唐

---

①　中亚古国。在锡尔河中游谷地，今吉尔吉斯斯坦费尔干纳地区。汉代称大宛。

书》的作者认为，怛罗斯之战在高仙芝的生平中算不上特别重大的事件，但导致了李嗣业的升迁，所以仅在《李嗣业传》中予以较为详尽的记载。

史学界对怛罗斯之战的意义也存在不同的观点。有学者认为怛罗斯之战是唐帝国在西域的关键一役，自此大唐失去了对西域的控制。也有学者认为怛罗斯之战只是一场遭遇战，怛罗斯之战对唐与大食（阿拉伯）的关系没有显著影响。这是阿拉伯与大唐几次边境冲突中唯一一次打胜安西军。此战对唐朝、阿拉伯双方的疆域几乎没有影响。战后，唐朝仍然控制西域，并且继续扩张。①

另外，在怛罗斯之战后，中亚的拔汗那、俱密、康国、安国及花剌子模等国家仍然遣使朝贡于唐朝。

> 四月壬午，剑南节度使鲜于仲通及云南蛮战于西洱河，大败绩，大将王天运死之，陷云南都护府。七月，高仙芝及大食战于怛逻斯城，败绩。八月，范阳节度副大使安禄山及契丹战于吐护真河，败绩。（《新唐书·睿宗玄宗本纪》）

按语：天宝十载，唐玄宗内政不修，重用李林甫、杨国忠等奸臣，对外战事也接连遭受败绩：南面败于南诏，西北败于大食，东北败于契丹。

> 元帅广平王统朔方、安西、回纥、南蛮、大食之众二十万，东

---

① 王小甫. 唐、吐蕃、大食政治关系史［M］. 北京：北京大学出版社，1992：178 - 179.

向讨贼。(《旧唐书·肃宗本纪》)

广平郡王俶为天下兵马元帅，郭子仪副之，以朔方、安西、回纥、南蛮、大食兵讨安庆绪。(《新唐书·肃宗代宗本纪》)

至德二载九月，以广平郡王为天下兵马元帅，率朔方、安西、回纥、南蛮、大食等兵二十万以进讨。(《新唐书·肃宗代宗本纪》)

及回纥使叶护、帝得数千骑来赴国难，南蛮、大食之卒相继而至。肃宗乃遣广平王为元帅，以子仪为副，而怀恩领回纥兵从之澧水。(《旧唐书·仆固怀恩列传》)

时回纥使叶护、帝得以四千骑济师，南蛮、大食等兵亦踵至。帝乃诏广平王为元帅，使怀恩统回纥兵，从王战香积寺北。(《新唐书·叛臣列传》)

仆固怀恩以回纥、南蛮、大食兵前驱，王悉师追贼，庄自将兵十万与通儒合，钲鼓震百馀里。(《新唐书·逆臣列传》)

怀恩率回纥、南蛮、大食众缭都而南，壁浐东，进次陕西，战新店。(《新唐书·回鹘列传》)

按语：安史之乱爆发后，唐肃宗至德二载（757 年），唐朝向大食求援，大食即派遣数千军兵相助。肃宗封其子为广平王（即后来的唐代宗）为天下兵马大元帅，率领唐朝的镇守西北边境的部队朔方军和安西军以及从回纥、南蛮、大食等外国所借的军队，向东讨伐叛军。其时安禄山已被其子安庆绪所杀，所以《新唐书》明确指出讨伐的是安庆绪。

唐朝政府军在内部统兵将领与外部援军方面都十分倚重胡人，也出现了大批胡将，其中包括李光弼、仆固怀恩、哥舒翰、高仙芝等名将，而叛首安禄山本人也是胡人。

> 五月壬申朔，回纥、黑衣大食各遣使朝贡，至阁门争长，诏其使各从左右门入。（《旧唐书·肃宗本纪》）
>
> 乾元元年五月壬申朔，回纥使多亥阿波八十人，黑衣大食酋长阁之等六人并朝见，至阁门争长，通事舍人乃分为左右，从东西门并入。（《旧唐书·回纥列传》）
>
> 乾元元年，回纥使者多彦阿波与黑衣大食酋阁之等俱朝，争长，有司使异门并进。（《新唐书·回鹘列传》）

按语：此事发生在唐肃宗乾元元载（758 年）。回纥是在唐帝国西北的一个强大的国家，素与唐友善，唐代为了平定安史之乱，曾对回纥甚为倚仗。唐肃宗曾对回纥许诺："克城之日，土地、士庶归唐，金帛、子女皆归回纥。"而回纥兵的确也在收复长安的过程中发挥了重要作用。黑衣大食的统治中心虽与中国距离遥远，但其使者能与回纥使者为各自的大国地位起争执，并获得了与其相当的地位，足见唐政权对于黑衣大食的实力是有足够认识的。

公元 758 年"黑衣大食"阿巴斯王朝正处于第二任哈里发艾布·贾法尔（754—775 年在位）的统治之下。艾布·哲耳法尔号称"曼苏尔"（意为"胜利者"），他是阿巴斯王朝的奠基者和巴格达城的营造者，阿巴斯王朝在他的统治时期武力强盛。

> 癸巳，广州奏大食国、波斯国兵众攻城，刺史韦利见弃城而遁。（《旧唐书·肃宗本纪》）
>
> 大食、波斯寇广州。（《新唐书·肃宗代宗本纪》）

按语：广州是唐代最大的海外贸易港口。唐初波斯、阿拉伯等外国商民在广州已形成相当势力。明人顾炎武云："自唐设结好使于广州，自是商人立户，迄宋不绝，诡服殊音，多流寓海滨湾泊之地，筑石联城，以长子孙。"① 广州形成"与夷人杂处""与海中蕃夷、四方商贾杂居"的人口国际化特色。随着居留的外国商民增多，外侨管理逐渐受到官府重视。唐高宗显庆六年（661年），创设市舶使于广州，总管海路邦交外贸，派专官充任。广州等地还出现了外国侨民居住的蕃坊。唐宋时期"蕃坊"的大概范围，以今广州市光塔路的怀圣寺为中心，南抵惠福西路，东以米市路为界，西至人民路，北到中山六路。现光塔路、大纸巷、蓬莱北、擢甲里、朝天路、仙邻巷、鲜洋街等街巷名，均是唐宋时期"蕃坊"街道的遗称和遗址。

公元757年9月，唐朝借用回纥军队，协助镇压安庆绪反叛。联军的主力，唐朝方面是郭子仪率领的唐军；藩军方面是回纥叶护太子统领的四千余回纥兵，混有从大食来的约1000名阿拉伯、波斯、呼罗珊避难兵。平叛结束后，因为陆上阿巴斯王朝正在追缴他们，大部分波斯、大食兵留在中国，但也有几百大食士兵打算沿海道返回本土。758年，这些军士到达广州，目睹广州的繁华和发达，于是城外的过路军兵和城内的阿拉伯商人一起发动暴动，攻入广州城内，"劫仓库，焚庐舍"，然后"浮海而去"②。

居职四年，会刘展作乱，引平卢副大使田神功兵马讨贼。神功

---

① 顾炎武.《天下郡国利病书》卷一百四《广东·杂蛮》.
② 刘昫，等.《旧唐书》卷十《肃宗纪》，卷一百八十九《西戎·波斯传》.

至扬州，大掠居人资产，鞭笞发掘略尽，商胡大食、波斯等商旅死亡数千。(《旧唐书·邓景山列传》)

未几，宋州刺史刘展反。初，展有异志，淮西节度使王仲昇表其状，诏迁扬州长史兼江淮都统，密诏景山执送京师。展知之，拥兵二万度淮。景山逆击不胜，奔寿州，因引平卢节度副使田神功讨展。神功兵至扬州，大掠居人，发冢墓，大食、波斯贾胡死者数千人。(《新唐书·邓景山列传》)

按语：唐代长安、洛阳、广州、扬州、洪州等都会以及河西、辽东等地，都有为数不少的外国侨民居留。扬州居江淮要冲，为南北交通枢纽，东出长江口，向东可与日本通航；向南经明州（今泉州）、广州，可与大食、波斯等西亚各国通航。公元 9 世纪阿拉伯地理学家伊本·胡尔达兹贝在其《道程及郡国志》一书中，就将扬州与交（今越南河内）、广、泉三州并列为东方四大海港。

武则天时，扬州"多富商大贾，珠翠珍怪之产"①，也是贾客胡商聚之地。唐肃宗上元元年（760 年），宋州（今河南商丘市）刘展作乱，平卢节度副使田神功引兵平叛，大掠扬州居人资产，大食、波斯等商人死亡数千。唐代野史笔记有不少关于扬州胡商、胡店的记载。

黑衣大食国使朝贡。(《旧唐书·代宗本纪》)

按语：此次朝贡发生在唐代宗大历四年正月，即公元 769 年。阿巴斯王朝处于第二任哈里发艾布·贾法尔（754—775 年在位）的统治

---

① 刘昫，等.《旧唐书》卷八十八《苏瓌传》.

之下。

> 回纥、吐蕃、大食、渤海、室韦、靺鞨、契丹、奚、牂柯、康
> 国、石国并遣使朝贡。(《旧唐书·代宗本纪》)

按语：此次朝贡发生在唐代宗大历七年正月，即公元 772 年。阿巴
斯王朝仍处于第二任哈里发艾布·贾法尔（754—775 年在位）的统治
之下。

> 吐蕃盗有河湟，为日已久。大历已前，中国多难，所以肆其侵
> 轶。臣闻其近岁已来，兵众浸弱，西迫大食之强，北病回纥之众，
> 东有南诏之防，计其分镇之外，战兵在河、陇五六万而已。(《旧
> 唐书·韩滉列传》)

> 吐蕃盗河、湟久，近岁浸弱，而西近大食，北捍回鹘，东抗南
> 诏，分军外战，兵在河、陇者不过五六万，若朝廷命将，以十万众
> 城凉、鄯、洮、渭，各置兵二万为守御，臣请以本道财赋馈军，给
> 三年费，然后营田积粟，且耕且战，则河、陇之地可翘足而复。
> (《新唐书·韩滉列传》)

按语：唐德宗贞元二年（786 年），唐润州节度使韩滉上疏请伐吐
蕃，收复在安史之乱时被吐蕃侵占的河湟地区①。他认为，吐蕃西面有

---

① "河湟"的河，是黄河；湟，是湟水。河湟地区本指湟水与黄河合流处的一片地方，
这里指唐朝安史之乱后被吐蕃强行占领统治的河西、陇右之地（今甘肃、青海两
省，黄河以西）。唐时河西、陇右是中国最富裕的地方，比江南富裕得多，当时有
"天下称富庶者无如陇右"之称。

强大的大食，北面有人数众多的回纥，南面还得防备南诏，其在河陇的兵马只有五六万，正是收复河湟的大好时机。但唐朝统治者当时未听取他的建议。

> 十七年春，夜绝泸破虏屯，斩五百级。虏保鹿危山，昆罗伏以待，又战，虏大奔。于时，康、黑衣大食等兵及吐蕃大酋皆降，获甲二万首。又合鬼主破虏于泸西。（《新唐书·南蛮列传·南诏》）

按语：唐德宗贞元十七年春（801年），吐蕃袭击南诏，唐将韦皋大破吐蕃军，"康、黑衣大食等兵及吐蕃大酋皆降"。张星烺先生认为，《新唐书·大食传》言"贞元时，与吐蕃相攻，吐蕃岁西师，故鲜盗边"，据此推断，此处的"康、黑衣大食等兵"为吐蕃在中亚的俘虏，被迫充兵，调到东面攻打南诏及大唐。①

> 大食国，本在波斯之西。大业中，有波斯胡人牧驼于俱纷摩地那之山，忽有狮子人语谓之曰："此山西有三穴，穴中大有兵器，汝可取之。穴中并有黑石白文，读之便作王位。"胡人依言，果见穴中有石及槊刃甚多，上有文，教其反叛。于是纠合亡命，渡恒曷水，劫夺商旅，其众渐盛，遂割据波斯西境，自立为王。波斯、拂菻各遣兵讨之，皆为所败。
>
> 永徽二年，始遣使朝贡。其王姓大食氏，名噉密莫末腻，自云有国已三十四年，历三主矣。其国男儿色黑多须，鼻大而长，似婆罗门；妇人白皙。亦有文字。出驼马，大于诸国。兵刃劲利。其俗

---

① 张星烺. 中西交通史料汇编（第二册）[M]. 北京：中华书局，1977：144.

勇于战斗，好事天神。土多沙石，不堪耕种，唯食驼马等肉。俱纷摩地那山在国之西南，邻于大海，其王移穴中黑石置之于国。又尝遣人乘船，将衣粮入海，经八年而未及西岸。海中见一方石，石上有树，干赤叶青，树上总生小儿；长六七寸，见人皆笑，动其手脚，头著树枝，其使摘取一枝，小儿便死，收在大食王宫。又有女国，在其西北，相去三月行。

龙朔初，击破波斯，又破拂菻，始有米面之属。又将兵南侵婆罗门，吞并诸胡国，胜兵四十余万。长安中，遣使献良马。景云二年，又献方物。开元初，遣使来朝，进马及宝钿带等方物。其使谒见，唯平立不拜，宪司欲纠之，中书令张说奏曰："大食殊俗，慕义远来，不可置罪。"上特许之。寻又遣使朝献，自云在本国惟拜天神，虽见王亦无致拜之法，所司屡诘责之，其使遂请依汉法致拜。其时西域康国、石国之类，皆臣属之。其境东西万里，东与突骑施相接焉。

一云隋开皇中，大食族中有孤列种代为酋长，孤列种中又有两姓：一号盆泥奚深，一号盆泥末换。其奚深后有摩诃末者，勇健多智，众立之为主，东西征伐，开地三千里，兼克夏腊，一名钐城。摩诃末后十四代，至末换。末换杀其兄伊疾而自立，复残忍，其下怨之。有呼罗珊木鹿人并波悉林举义兵，应者悉令著黑衣，旬月间众盈数万。鼓行而西，生擒末换，杀之。遂求得奚深种阿蒲罗拔，立之。末换已前谓之白衣大食，自阿蒲罗拔后改为黑衣大食。阿蒲罗拔卒，立其弟阿蒲恭拂。至德初遣使朝贡，代宗时为元帅，亦用其国兵以收两都。宝应、大历中频遣使来。恭拂卒，子迷地立。迷地卒，子牟栖立，牟栖卒，弟诃论立。贞元中，与吐蕃为勍敌。蕃军太半西御大食，故鲜为边患，其力不足也。十四年，诏以黑衣大

食使含嵯、焉鸡、沙北三人并为中郎将，各放还蕃。(《旧唐书·西戎列传·大食》)

按语：上述是《旧唐书·西戎列传》对大食国的记载。首段记载了穆罕默德传教的过程。"摩地那"今译为麦地那，公元 622 年，伊斯兰教先知穆罕默德在麦加受当地人排挤迫害而被迫迁徙到麦地那，并在这里建立最早的伊斯兰教政权（乌玛），麦地那遂成为伊斯兰国家的第一个首都。而穆罕默德接受启示的地方在麦加的希拉山洞，并非在此段所载的麦地那。《旧唐书》此段谬误颇多，张星烺先生认为："此数语乃晋人之语，必非彼教中人所语，乃波斯人之口吻也。"[1]

唐高宗永徽二年（651 年），第三任哈里发奥斯曼派遣使者来华，学术界一般认为伊斯兰教自此始传入中国。"噉密莫末腻"是阿拉伯语"أمير المؤمنين"的音译，意为"信士的长官"，该词是伊斯兰教发展初期穆斯林对政教合一的领袖哈里发的尊称，为第二任哈里发欧麦尔所首创。该段还记载了阿拉伯男子蓄须、出产驼马、土多沙石等风土人情。但"移穴中黑石置之于国"应为误传，此处"黑石"应指麦加的玄石，并非在麦地那山洞中。所谓"树上总生小儿"也应属无稽之谈。

第三段记载了大食国的扩张：破波斯、拂菻（拜占庭帝国），吞并中亚各国，南侵印度，东与突骑施[2]相接。本段还记载了大食国遣使来朝的情况。

第四段主要介绍了大食国的世系传承。"孤列"即"古莱氏"(القريش)，"盆泥奚深"即"哈希姆家族"(بنو هاشم)，而"盆泥末换"

---

① 张星烺.中西交通史料汇编（第二册）[M].北京：中华书局，1977：127.

② 突骑施是西突厥别部，当时隶属于安西都护府管辖。

则可能是"伍麦叶家族"（بنو أمية），这两个家族均是古莱氏部落的分支。伊斯兰教先知穆罕默德（摩诃末）便是出自哈希姆家族。阿拉伯帝国在先知穆罕默德去世后，又经历了四大正统哈里发时期（632—661年），之后穆阿维叶在与第四任哈里发阿里的斗争中获胜，建立了伍麦叶王朝（661—750年），中国史书称之为"白衣大食"。穆阿维叶和阿里之争，其实是伍麦叶家族与哈希姆家族的统治权之争，所以《旧唐书》此段专门指出"孤列"（古莱氏）部落有这两个大家族，是很准确的。"伊疾"应指伍麦叶王朝第十一任哈里发瓦利德·本·叶齐德，他被他的两个堂兄弟第十二任哈里发叶齐德·本·瓦利德和第十三任哈里发易卜拉辛·本·瓦利德所杀。其时，伍麦叶王朝已经开始衰弱，阿巴斯家族在帝国东部的呼罗珊和伊拉克崛起。对于唐人来说，阿拉伯人名字繁复，记录不准确在所难免。

此段随后介绍了阿巴斯王朝的历史，因其旌旗衣服皆尚黑色，中国史书称之为"黑衣大食"。阿巴斯王朝（750—1258年）的开国君主"阿蒲罗拔"，现在一般译为"艾布·阿巴斯"（750—754年在位），他是穆罕默德叔父阿巴斯的后代，所以也属于哈希姆家族（"奚深种"）。呼罗珊木鹿人"并波悉林"现在一般翻译为"艾布·穆斯林"，他是呼罗珊起义军的领袖、阿巴斯王朝的开国功臣。"阿蒲恭拂"应为阿巴斯王朝第二任哈里发、艾布·阿巴斯之弟艾布·贾法尔，"恭拂"即"贾法尔"的另一种译法①。他于754—775年在位，基本与唐肃宗、唐代宗当政时期相当，在肃宗至德年间和代宗宝应、大历年间均曾遣使来华。他还曾派兵助唐平定安史之乱，这在《肃宗本纪》和《仆固怀恩列传》中均有记载。艾布·贾法尔之子"迷地"（现在一般译为"马赫

---

① 两种译法差异源于阿拉伯语方言口音不同。

迪")继任哈里发(775—785 年在位),马赫迪死后,其子"牟栖"(现在一般译为"哈迪")继位(785—786 年在位),哈迪死后,其弟"诃论"(现在一般译为"哈伦")继任(786—809 年在位)。哈伦在位时间与唐德宗贞元(785—805 年)年间大体相当,阿巴斯王朝在他的统治下国势强盛,经济繁荣,文化发达,世界著名民间文学作品《一千零一夜》生动地渲染了他统治时期的许多奇闻逸事。黑衣大食"与吐蕃为勃敌"与本书所引《韩滉列传》的记载相印证。

《旧唐书·大食传》对阿拉伯帝国国情、历史等的记载基本是准确的,对于中阿交往的记载更是珍贵的史料。

> 大食,本波斯地。男子鼻高,黑而髯。女子白皙,出辄鄣面。日五拜天神。银带,佩银刀,不饮酒举乐。有礼堂容数百人,率七日,王高坐为下说曰:"死敌者生天上,杀敌受福。"故俗勇于斗。土饶砾不可耕,猎而食肉。刻石蜜为庐如舆状,岁献贵人。蒲陶大者如鸡卵。有千里马,传为龙种。
>
> 隋大业中,有波斯国人牧于俱纷摩地那山,有兽言曰:"山西三穴,有利兵,黑石而白文,得之者王。"走视,如言。石文言当反,乃诡众袤亡命于恒曷水,劫商旅,保西鄙自王,移黑石宝之。国人往讨之,皆大败还,于是遂强。灭波斯,破拂菻,始有粟麦仓庾。南侵婆罗门,并诸国,胜兵至四十万。康、石皆往臣之。其地广万里,东距突骑施。西南属海。
>
> 海中有拨拔力种,无所附属。不生五谷,食肉,刺牛血和乳饮之。俗无衣服,以羊皮自蔽。妇人明皙而丽。多象牙及阿末香,波斯贾人欲往市,必数千人纳氈镟血誓,乃交易。兵多牙角,而有弓、矢、铠、槊,士至二十万,数为大食所破略。

永徽二年，大食王㰥密莫末腻始遣使者朝贡，自言王大食氏，有国三十四年，传二世。开元初，复遣使献马、钿带，谒见不拜，有司将劾之。中书令张说谓殊俗慕义，不可置于罪。玄宗赦之。使者又来，辞曰："国人止拜天，见王无拜也。"有司切责，乃拜。十四年，遣使苏黎满献方物，拜果毅，赐绯袍、带。

或曰大食族中有弧列种，世酋长，号白衣大食。种有二姓，一曰盆尼末换，二曰奚深。有摩诃末者，勇而智，众立为王。辟地三千里，克夏腊城。传十四世，至末换，杀兄伊疾自王，下怨其忍。有呼罗珊木鹿人并波悉林将讨之，徇众曰："助我者，皆黑衣。"俄而众数万，即杀末换，求奚深种孙阿蒲罗拔为王，更号黑衣大食。蒲罗死，弟阿蒲恭拂立。至德初，遣使者朝贡。代宗取其兵平两京。阿蒲恭拂死，子迷地立。死，弟诃论立。贞元时，与吐蕃相攻，吐蕃岁西师，故鲜盗边。十四年，遣使者含嵯、乌鸡、沙北三人朝，皆拜中郎将，赍遣之。传言其国西南二千里山谷间，有木生花如人首，与语辄笑，则落。（《新唐书·西域列传·大食》）

按语：《新唐书·大食传》前一部分的记载与《旧唐书·大食传》基本相同。首段在《旧唐书》的基础上增加了对于阿拉伯禁酒、礼拜等宗教习俗的记述。第三段中"拨拔力种"即柏柏尔人，实际上柏柏尔人并不是一个单一的民族，而是对于众多生活在非洲西北部，在文化、政治和经济生活相似的部落族人的统称。这些民族多为阿拉伯人所征服。

东有末禄，小国也。治城郭，多木姓，以五月为岁首，以画缸相献。有寻支瓜，大者十人食乃尽。蔬有颗葱、葛蓝、军达、茇薤。

大食之西有苫者，亦自国。北距突厥可萨部，地数千里。有五节度，胜兵万人。土多禾。有大川，东流入亚俱罗。商贾往来相望云。

自大食西十五日行，得都盘，西距罗利支十五日行；南即大食，二十五日行；北勃达，一月行。

勃达之东距大食二月行；西抵岐兰二十日行；南都盘，北大食，皆一月行。

岐兰之东南二十日行，得阿没，或曰阿昧；东南距陀拔斯十五日行；南沙兰，一月行；北距海二日行。居你诃温多城，宜马羊，俗柔宽，故大食常游牧于此。

沙兰东距罗利支，北恒满，皆二十日行；西即大食，二十五日行。

罗利支东距都盘，北陀拔斯，皆十五日行；西沙兰，二十日行；南大食，二十五日行。

恒满，或曰恒没，东陀拔斯，南大食，皆一月行；北岐兰，二十日行；西即大食，一月行。居乌浒河北平川中。兽多师子。西北与史接，以铁关为限。（《新唐书·西域列传·大食》）

按语：这是《新唐书·大食传》后一部分的内容，记载了大食周边国家的情况。关于这些国家具体位置的考证，可参见张星烺先生所著《中西交通史料汇编》。[1]

---

① 张星烺. 中西交通史料汇编（第二册）[M]. 北京：中华书局，1977：140-144.

又西一日行，至乌剌国，乃大食国之弗利剌河，南入于海。小舟溯流二日至末罗国，大食重镇也。又西北陆行千里，至茂门王所都缚达城。自婆罗门南境，从没来国至乌剌国，皆缘海东岸行；其西岸之西，皆大食国，其西最南谓之三兰国。自三兰国正北二十日行，经小国十余，至设国。又十日行，经小国六七，至萨伊瞿和竭国，当海西岸。又西六七日行，经小国六七，至没巽国。又西北十日行，经小国十余，至拔离謌磨难国。又一日行，至乌剌国，与东岸路合。西域有陀拔思单国，在疏勒西南二万五千里，东距勃达国，西至涅满国，皆一月行，南至罗刹支国半月行，北至海两月行。罗刹支国东至都槃国半月行，西至沙兰国，南至大食国皆二十日行。都槃国东至大食国半月行，南至大食国二十五日行，北至勃达国一月行。勃达国东至大食国两月行，西北至岐兰国二十日行，北至大食国一月行。河没国东南至陀拔国半月行，西北至岐兰国二十日行，南至沙兰国一月行，北至海两月行。岐兰国西至大食国两月行，南至涅满国二十日行，北至海五日行。涅满国西至大食国两月行，南至大食国一月行，北至岐兰国二十日行。沙兰国南至大食国二十五日行，北至涅满国二十五日行。石国东至拔汗那国百里，西南至东米国五百里。罽宾国在疏勒西南四千里，东至俱兰城国七百里，西至大食国千里，南至婆罗门国五百里，北至吐火罗国二百里。东米国在安国西北二千里，东至碎叶国五千里，西南至石国千五百里，南至拔汗那国千五百里。史国在疏勒西二千里，东至俱蜜国千里，西至大食国二千里，南至吐火罗国二百里，西北至康国七百里。（《新唐书·地理志》）

按语：乌剌国（Ubullah），古地名，故址在今伊拉克幼发拉底河口伊拉克奥波拉,弗利刺河即幼发拉底河。古代旅客在此换乘小舟至末罗(今伊拉克巴士拉之西),再取陆道至阿巴斯王朝的首都缚达城(今伊拉克巴格达)。印度洋西面全都是大食国的领土。其西最南谓之三兰国(今坦桑尼亚桑给巴尔)。自三兰国正北二十日行,经小国十余,至设国(今也门席赫尔)。又十日行,经小国六七,至萨伊瞿和竭国(今阿曼马斯喀特西南),当海西岸。又西六七日行,经没巽国(今阿曼苏哈尔)。又西北十日行,经小国十余,至拔离謂磨难国(今巴林)。又一日行,至乌刺国,与东岸路合。上述海上航线所经地方,前人已经做过不少研究。具体走向为:从广州屯门出发后,沿着传统的南海海路,穿越南海、马六甲海峡,进入印度洋、波斯湾;在乌刺国,如果沿波斯湾西海岸航行,出霍尔木兹海峡后,可以进入阿曼湾、亚丁湾和东非海岸,历经 90 余个国家和地区,航期 89 天(不计沿途停留时间),是八九世纪世界最长的远洋航线,也是唐朝最重要的海上交通线。[①]

陀拔思单国,即塔巴里斯坦,为里海南岸的高地,大致相当于今马赞德兰省,原属波斯萨珊王朝,公元 651 年萨珊王朝亡于大食,此区仍保持独立,并于公元 744—754 年间与唐朝维持友好交通关系。约公元 765 年亡于大食。疏勒,相当于今新疆之喀什噶尔,位居西域南、北两道的交会点,古来即东西交通的主要进出口。勃达国,或位于今新疆别迭里口岸附近。罗刹支国或指俄罗斯。都槃国或谓为今伊朗克尔曼。石国,即今乌兹别克斯坦塔什干。拔汗那国在锡尔河中游谷地,今吉尔吉斯斯坦费尔干纳地区,汉代称大宛。罽宾国,指卡菲里斯坦至喀布尔河中下游之间的河谷平原,某些时期可能包括克什米尔西部。俱兰城国,

---

在今哈萨克斯坦江布尔东卢戈沃伊附近。吐火罗国，在今阿富汗北部乌浒水（今阿姆河）上游即缚刍河流域。安国，在今乌兹别克斯坦布哈拉一带。碎叶国，在今吉尔吉斯斯坦托克马克城一带。俱蜜国，在今塔吉克斯坦哈布河流域。康国，位于锡尔河至阿姆河之间。其他国家位置不详。

    诃陵，亦曰社婆，曰阇婆，在南海中。东距婆利，西堕婆登，南濒海，北真腊。木为城，虽大屋亦覆以栟榈。象牙为床若席。出玳瑁、黄白金、犀、象，国最富。有穴自涌盐。以柳花、椰子为酒，饮之辄醉，宿昔坏。有文字，知星历。食无匕筋。有毒女，与接辄苦疮，人死尸不腐。王居阇婆城。其祖吉延东迁于婆露伽斯城，旁小国二十八，莫不臣服。其官有三十二大夫，而大坐敢兄为最贵。山上有郎卑野州，王常登以望海。夏至立八尺表，景在表南二尺四寸。贞观中，与堕和罗、堕婆登皆遣使者入贡，太宗以玺诏优答。堕和罗丐良马，帝与之。至上元间，国人推女子为王，号"悉莫"，威令整肃，道不举遗。大食君闻之，赍金一囊置其郊，行者辄避，如是三年。太子过，以足蹑金，悉莫怒，将斩之，群臣固请。悉莫曰："而罪实本于足，可断趾。"群臣复为请，乃斩指以徇。大食闻而畏之，不敢加兵。（《新唐书·南蛮列传·诃陵》）

按语：诃陵，古地名与国名，大约位于今印度尼西亚爪哇岛或苏门答腊岛，或兼称二岛。据此段言，东南亚与阿拉伯帝国在公元七八世纪就有密切的交通往来了。

    其君曰"阿热"，遂姓阿热氏，建一纛，下皆尚赤，余以部落为之号。服贵貂、貀，阿热冬帽貂，夏帽金扣，锐顶而卷末，诸下皆帽白氈，喜佩刀砺，贱者衣皮不帽，女衣毳毼、锦、罽、绫，盖安西、北庭、大食所贸售也。(《新唐书·回鹘列传·黠戛斯》)

乾元中，为回鹘所破，自是不能通中国。后狄语讹为黠戛斯，盖回鹘谓之，若曰黄赤面云，又讹为戛戛斯。然常与大食、吐蕃、葛禄相依杖，吐蕃之往来者畏回鹘剽钞，必住葛禄，以待黠戛斯护送。大食有重锦，其载二十橐它乃胜，既不可兼负，故裁为二十四，每三岁一饷黠戛斯。(《新唐书·回鹘列传·黠戛斯》)

按语：黠戛斯地处回鹘西北，约当今叶尼塞河上游，萨彦岭以北，安加拉河以南地区。《新唐书》中这两篇记载足见当时丝路贸易之繁盛以及各民族交往之频繁。

占城，在西南海上。其地方千里，东至海，西至云南，南邻真腊，北抵驩州。其人，俗与大食同。(《新五代史·四夷附录》)

按语：占城即占婆补罗（"补罗"梵语意为"城"），位于中南半岛东南部，北起今越南河静省的横山关，南至平顺省潘郎、潘里地区。据《新五代史》记载，"其俗与大食同"，可见中南半岛当时亦受阿拉伯文化的影响，伊斯兰教应该已经传入东南亚地区。

三、小结

唐朝是个包容开放的大一统王朝。唐代中阿交往水平与前代相比发生了飞跃，涵盖政治、经济、军事、文化等诸多方面。

唐王朝建立后，特别是太宗以后，对外交往四通八达，出现了"九天阊阖开宫殿，万国衣冠拜冕旒"的盛况。自唐高宗永徽二年（651年）四大哈里发中第三任哈里发奥斯曼"遣使朝献"之后，阿拉伯曾多次遣使来华。有学者统计，终唐一代，阿拉伯使臣来华多达40次，其中四大哈里发时期2次，伍麦叶王朝18次，阿巴斯王朝20次。[1]值得一提的是，怛罗斯之战并没有使双方关系出现转折，阿巴斯王朝仍遣使不绝，见诸史籍的有17次，自战后的6年，每年均有阿巴斯使臣来朝。

除朝贡以外，中阿交往几件大事按时间顺序依次为：萨珊王朝末代王子请援复国；中亚、南亚诸国请援而玄宗不许；怛罗斯之战；借大食兵参与平定安史之乱；大食、回纥使者之争；战乱中的广州和扬州事件；大食、吐蕃交恶，唐借机收复河湟。

对于这些事件的记载分散于两唐书的多个本纪、列传中，为了集中了解两唐书对某一具体事件的记载，明晰唐代中阿交往的发展脉络，本章的引文并非按照其在两唐书中出现的顺序排列，而是把不同地方关于同一事件的记载集中在一起，按照时间顺序排列，并在按语中补充了一些相关信息。

唐朝以富强开放闻名世界，对海外有强大的吸引力。包括阿拉伯人在内的大批海外人士重译而至，游历、经商、学习、生活。广州和扬州是当时重要的港口，聚集着大量阿拉伯商人。有些阿拉伯人还参加科举，在唐朝当官。阿拉伯人在中国读书做官者，最著名的要数李彦升了，他是至今所知的第一位阿拉伯裔进士。[2]

---

[1] 江淳，郭应德. 中阿关系史 [M]. 北京：经济日报出版社，2001：30 - 33.
[2] 王水照. 传世藏书·集库·总集（7 - 12）全唐文（1 - 6）[M]. 海口：海南国际新闻出版中心，1996：5502.

因为有了较为频繁的直接交往，唐代史籍对于阿拉伯风土人情和历史演变的记载比之前的史书准确很多，伊斯兰教先知穆罕默德和其后的四大哈里发（尤其是第三任哈里发奥斯曼），以及伍麦叶王朝和阿巴斯王朝，均见诸史籍。

到了唐德宗时，唐王朝国力日衰，北庭、安西失陷，唐王朝渐失对西域的管控，而唐与大食的交往也自此鲜见于史籍。

第三章　宋代正史中的阿拉伯

一、《宋史》中对阿拉伯的记载

> 大食国遣使献方物。
>
> 大食国遣使来献。
>
> 大食国遣使献方物。
>
> 大食国遣使来朝献。
>
> 大食国王珂黎拂遣使蒲希密来献方物。
>
> （《宋史·太祖本纪》）

按语：《宋史·太祖本纪》记载，宋太祖在位时期，大食曾五次遣使来宋。这五次遣使来朝分别发生于宋太祖开宝元年（968 年）、开宝六年（973 年）、开宝七年（974 年）、开宝八年（975 年）、开宝九年（976 年）。当时阿巴斯王朝的统治者是第二十三任哈里发穆提（946—974 年在位）和第二十四任哈里发塔伊（974—991 年在位）。"珂黎拂"应为哈里发的另一种音译。此处明确指出大食使者为大食的哈里发所遣。

夏四月辛卯，大食国遣使来贡。

大食国王遣使来贡。

大食、宾同陇国并来贡。

（《宋史·太宗本纪》）

按语：《宋史·太宗本纪》记载，宋太宗在位时期，大食曾三次遣使来宋。这三次遣使来朝分别发生于宋太宗太平兴国二年（977 年）、淳化五年（994 年）、至道三年（997 年）。当时阿巴斯王朝的统治者是第二十四任哈里发塔伊（974—991 年在位）和第二十五任哈里发卡迪尔（991—1031 年在位）。

庚辰，大食国遣使来贡。

是岁，沙州蕃族首领、邛部川蛮、西南蕃、占城、大食国来贡。

是岁，高丽、大食国、高州蛮来贡。

是岁，西凉府暨龙野马族、三佛齐、大食国来贡。

是岁，交州、西凉府、西、高、丰、甘、沙州、占城、大食、蒲端、龟兹国来贡。

是岁，河西六谷、夏州、沙州、大食、占城、蒲端国、西南蕃溪峒蛮来贡。

是岁，西凉府、甘州、三佛齐、大食国、西南蕃等来贺封禅。

壬戌，甘州回鹘、蒲端、三麻兰、勿巡、蒲婆、大食国、吐蕃诸族来贡。

五月丁巳，大食国来贡。

（《宋史·真宗本纪》）

按语：《宋史·真宗本纪》记载，宋真宗在位时期，大食曾八次遣使来宋。这八次遣使来朝分别发生于宋真宗咸平二年（前两条记载）（999 年）、咸平三年（1000 年）、咸平六年（1003 年）、景德元年（1004 年）、景德四年（1007 年）、大中祥符元年（1008 年）、大中祥符四年（1011 年）、天禧三年（1019 年）。其中，大中祥符元年，宋真宗在泰山举行封禅，大食遣使来贺。当时阿巴斯王朝的统治者是第二十五任哈里发卡迪尔（991—1031 年在位）。

真宗景德元年正月十四日，赐大食、三佛齐、蒲端诸国进奉使缗钱，令观灯宴饮。（《宋史·礼志·嘉礼》）

按语：据《宋史·真宗本纪》记载，景德元年（1004 年）大食曾遣使来贡，本段引文与之相印证。

二年上元节，赐明提钱，令与占城、大食使观灯宴饮，因遣工部员外郎邵晔充国信使。（《宋史·外国列传·交趾》）

按语：《礼志·嘉礼》提到了真宗景德元年上元节，赐大食等国使者缗钱，令观灯宴饮。此次又提到景德二年上元节赐钱观灯，不知是否是年份记载错误。

诏授交、甘等州、大食、蒲端、三麻兰、勿巡国奉使官。（《宋史·真宗本纪》）

54

按语：宋真宗大中祥符四年（1011年），真宗诏令授大食奉使官。

是岁东封，亮敦谕大食陀婆离、蒲含沙贡方物泰山下。（《宋史·马亮列传》）

按语：此处记载与《真宗本纪》中记载大中祥符四年（1011年）大食来贺封禅相印证。"陀婆离"在《宋史·神宗本纪》和《宋史·外国列传·大食》中均出现过，应指大不里士（Tabriz）。但《宋史·外国列传·大食》还提到数位来华的大食使者也都叫"陀婆离"。那么"陀婆离"到底是人名还是地名呢？笔者认为，"陀婆离"本是地名，但在阿拉伯语中人名可以用地名派生出来，如"陀婆离"（Tabriz，تبريز）一词就可以派生出人名"陀婆离慈"（Tabrizi，التبريزي），意为"陀婆离的""陀婆离人"。而《宋史·外国列传·大食》中也提到有位大食使者名为"蒲陀婆离慈"，印证了笔者的观点。阿拉伯人名对于中国古人来说太过繁复，翻译没有统一的标准，往往也不太准确。但应该可以推断，人名"陀婆离"与地名"陀婆离"（大不里士）是有联系的，名叫"陀婆离"一般代表他来自"陀婆离国"。

"蒲含沙"应为人名，中国史籍中很多阿拉伯人译名都以"蒲"字开头，应是阿拉伯语"艾布"（Abu，أبو）的音译，其本意是"某某之父"，常做阿拉伯人较为正式的一种昵称。如此处"蒲含沙"有可能就是"艾布·希沙姆"（أبو هشام）的音译。

龙赐州彭师党以其族来归，大食国、西蕃、安化州蛮来贡。

是岁，西蕃磨毡角、占城、大食国来贡。

是岁，大食国来贡。

（《宋史·仁宗本纪》）

按语：《宋史·仁宗本纪》记载，宋仁宗在位时期，大食曾三次遣使来宋。这三次遣使来朝分别发生于宋仁宗至和二年（1055 年）、嘉祐元年（1056 年）、嘉祐五年（1060 年）。当时阿巴斯王朝的统治者是第二十六任哈里发卡伊姆（1031—1075 年在位）。

丙午，大食陀婆离来贡。

夏四月辛未，大食国来贡。

（《宋史·神宗本纪》）

按语：《宋史·神宗本纪》记载，宋神宗在位时期，大食曾两次遣使来宋。这两次遣使来朝分别发生于宋神宗熙宁六年（1073 年）、元丰七年（1084 年）。当时阿巴斯王朝的统治者是第二十六任哈里发卡伊姆（1031—1075 年在位）和第二十七任哈里发穆克塔迪（1075—1094 年在位）。"陀婆离"即大不里士（Tabriz），在今伊朗西北部，现为伊朗东阿塞拜疆省首府。当时，大不里士（"陀婆离"）也是阿拉伯帝国的一部分。据《宋史·外国列传·大食》记载："其国部属各异名，故有勿巡，有陀婆离，有俞卢和地，有麻啰跋等国，然皆冠以大食。"从本次记载可以看出，大食的使者并不一定来自位于巴格达的阿巴斯王朝中央政权，自 9 世纪中叶以后，阿巴斯王朝的突厥将领逐渐取得权势，掌握军权，任意废立甚至杀害哈里发，帝国各地也兴起了众多地方政权。

高丽、大食入贡。

丁卯，大食麻啰拔国入贡。

56

是岁，夏国、邈黎、大食、麻啰拔国入贡。

大食进火浣布。

是岁，于阗、大食、龟兹师王国、西南蕃龙氏、罗氏入贡。

甲午，大食入贡。

（《宋史·哲宗本纪》）

按语：《宋史·哲宗本纪》记载，宋哲宗在位时期，大食曾六次遣使来宋。这六次遣使来朝分别发生于宋哲宗元丰八年①（1085 年）、元祐三年（1088 年）、元祐四年（1089 年）、元祐七年（1092 年）、绍圣三年（1096 年）、元符二年（1099 年）。其中，在元祐七年（1092年），大食进贡了火浣布②。

"麻啰拔国"（Murbat，مرباط）即今阿曼之米尔巴特。《宋史·外国列传·大食》中记载，麻啰拔国当时名义上也属大食管辖。

高丽、占城、大食、真腊、大理、夏国入贡，茂州夷郖永寿内附。（《宋史·徽宗本纪》）

按语：此次入贡发生在宋徽宗政和六年（1116 年）。

又有西蕃唃氏、西南诸蕃占城、回鹘、大食、于阗、三佛齐、邛部川蛮及溪峒之属，或比间数岁入贡。（《宋史·礼志·宾礼》）

---

① 宋神宗于元丰三年去世，哲宗继位，当年未改元。
② 火浣布是石棉布的古称，是用石棉纤维纺织而成的布，因可以用火燃烧去除其污渍，故名之。

按语：大食等国"或比间数岁入贡"，即几年入朝进贡一次。

怀远驿，掌南蕃交州，西蕃龟兹、大食、于阗、甘、沙、宗哥等国贡奉之事。（《宋史·职官志》）

按语：所谓"怀远"即安抚边远的人。而"驿"是供给递送公文来往使节、官员暂住和换马的场所。怀远驿为宋官署名，属鸿胪寺。景德三年（1006年）置，以侍海南诸国进贡使节。掌交州、龟兹、大食、于阗、甘州、沙州、宗哥等地贡奉与通使事项。

知秦州游师雄言："于阗、大食、拂菻等国贡奉，般次踵至，有司惮于供费，抑留边方，限二岁一进。外夷慕义，万里而至，此非所以来远人也。"从之。自是讫于宣和，朝享不绝。（《宋史·外国列传·于阗》）

按语：宋哲宗绍圣年间（1094—1098年），游师雄谏言说，于阗、大食、拂菻等国贡奉，般次相继而来，而有关部门顾虑到给予他们的赏赐，让他们两年来一次，这有失大国风范。宋廷听取了他的意见，从此至宋徽宗宣和年间（1119—1125年），朝贡不绝。

乙酉，免大食国蕃客税之半。（《宋史·真宗本纪》）

按语：宋真宗天禧元年（1017年），下诏免去大食国商旅一半的商税。

随着宋代海外贸易的繁荣，大量外国商贾来华从事贸易活动，这些商贾以阿拉伯（大食）、波斯穆斯林为主，他们被称作"蕃商""蕃客"，他们的聚居区被称作"蕃坊"。蕃坊是外商在华聚居区，其中设有蕃长，由官府挑选有声望的蕃商担任，管理坊内一切公务，其办公机构称为"蕃长司"。

　　六年，知泉州连南夫奏请，诸市舶纲首能招诱舶舟、抽解物货、累价及五万贯十万贯者，补官有差。大食蕃客啰辛贩乳香直三十万缗，纲首蔡景芳招诱舶货，收息钱九十八万缗，各补承信郎。（《宋史·食货志》）

按语：绍兴六年（1136 年）泉州知州连南夫建议，市舶司领班凡是能招引来外国货船，收取海关税达 5 万贯、10 万贯的，据其数额相应提高级别待遇。阿拉伯商人啰辛贩卖乳香达 30 万缗，领班蔡景芳招诱船货，收息钱达 98 万缗，都各补授从九品"承信郎"官衔，赐予"公服履笏"。

宋代商业发达，政府重视海外贸易，在外贸港口设立市舶司或市舶务加以管理，并从中获利。其中以广州港、泉州港和明州港较为著名，是宋代三大外贸港。上述事件便是发生在泉州港。

香料是宋代海外贸易中重要的进口货物之一，而阿拉伯是香料的重要来源地。香料贸易的收入逐渐成为宋朝国家财政中的大宗。《宋史·食货志》记载："宋之经费，茶、盐、矾之外，惟香之为利博，故以官为市焉。"《建炎以来朝野杂记》记载，宋初市舶司香料税收只有约1600 余万，至南宋淳熙末就增至 6000 余万，可以想见宋朝香料贸易之兴盛。

充足的供应使得香料遍及宋人生活的方方面面。达官贵人、文人雅士经常聚于园林亭阁品香斗香，平民百姓也常于家中点燃新制和香，品评香味，观赏香烟，甚至在当时的不少食品及茶水中，也要放入香料。很多文人的诗词和笔记也对用香进行了描写，如周邦彦的《苏幕遮·燎沉看》、陈与义的《焚香》等。

> 凡大食、古逻、阇婆、占城、勃泥、麻逸、三佛齐诸蕃并通货易，以金银、缗钱、铅锡、杂色帛、瓷器，市香药、犀象、珊瑚、琥珀、珠琲、镔铁、鼊皮、玳瑁、玛瑙、车渠、水精、蕃布、乌樠、苏木等物。（《宋史·食货志》）

按语：相比唐朝而言，宋朝疆域狭小，无力控制广大的北方及西北地区。所以宋朝对外贸易主要依靠海上丝绸之路。上述所列"诸藩"除大食外，均位于东南亚沿海地区，宋朝向它们出售贵金属、丝帛、瓷器，换取香料、珠宝等奇珍异玩。

值得注意的是，宋朝的"缗钱"是对外贸易中的主要商品。宋朝商品经济和海外贸易繁荣发展，宋钱质量好信誉好，在海外购买力强，所以宋朝的货币也随着商品一齐流向各个国家和地区，且其外流量十分巨大，宋人张方平在《论钱禁铜法事》中描述"边关重车而出，海舶饱载而回"，结果"缗钱原为中国宝货，今乃与四夷共用"。宋朝铜钱"国际化"是一个自发的过程，在一定程度上体现了宋朝经济建设和货币管理方面的某些成功之处。

> 崇宁元年，复置杭、明市舶司，官吏如旧额。三年，令蕃商欲往他郡者，从舶司给券，毋杂禁物、奸人。初，广南舶司言，海外蕃商至广州贸易，听其往还居止，而大食诸国商亦丐通入他州及京

东贩易，故有是诏。凡海舶欲至福建、两浙贩易者，广南舶司给防船兵仗，如诣诸国法。广南舶司鬻所市物货，取息毋过二分。政和三年，诏如至道之法，凡知州、通判、官吏并舶司、使臣等，毋得市蕃商香药、禁物。（《宋史·食货志·互市舶法》）

按语：这里记载了从崇宁三年（1104 年）到政和三年（1113 年）间的互市舶之相关法规。北宋宣和元年（1119 年），宋政府开放青龙江浦，在（上海）华亭县设市舶务，制定"广州市舶条法"，史称"元丰法"。宋代海运"元丰法"实施之时，国家对外贸易达到全盛。这部法律是史上首部专门管理港口通商之法，具有划时代意义。市舶贸易是宋代海上丝路贸易的主要形式，也是海洋贸易与资本介入文化生产的重要契机。宋代"市舶司"，也称"提举市舶司"，其制度基本沿袭唐代"市舶使"制度。提举负责征收关税，对海舶监管和查私。宋代国家实行"禁榷官卖制度"，规定利润高的商品由国家专门买卖。北宋初期朝廷十分重视来华商人，鼓励外商在东南沿海经商，曾遣使赴沿海诸国"勾招进奉"。另外，宋代市舶贸易有一整套完整的管理体系，对东南沿海港口的地位与职责、航海路线以及诸蕃通商等均有详细之法则。特别是"元丰法"实施，宋代市舶司改为"提举市舶司"之后，它成为一个由中央掌控的独立运营的"海关"机构，其经济与行政权力大大提升。①

建炎四年三月，宣抚使张浚奏，大食国遣人进珠玉宝贝。上

---

① 陈纳维，潘天波．耦合视域：宋代"海上丝路"贸易与漆器文化生产［J］．历史教学，2016（8）：16.

曰："大观、宣和间，川茶不以博马，惟市珠玉，故武备不修，遂
致危弱如此。今复捐数十万缗易无用之物，曷若惜财以养战士
乎？"谕张浚勿受，量赐予以答之。（《宋史·食货志》）

按语：南宋时期，统治者在严酷的社会现实面前，为维持庞大的官
僚机构和巨额军费开支，更加注重发展海外贸易。随着时间的推移，市
舶贸易成为国家财政收入的主要来源之一，而重名不重实的朝贡贸易则
降到次要地位。讲究实际的南宋统治者不仅没有像北宋朝廷那样招徕海
外国家朝贡，而且一再采用削减乃至拒收贡物以及限制贡使进京等做
法，进一步压缩朝贡贸易规模，节省政府财政支出。[①] 宋高宗建炎四年
（1130 年），大食国"进珠玉宝贝"，高宗说，宋徽宗大观、宣和年间，
不用四川的茶叶换取马匹，仅用来购买珍珠美玉，所以武器装备搞得很
糟，便造成国家衰弱。现在拿出十万缗钱换那些没用的珠玉，比得上节
约钱财用来养兵吗？于是嘱咐张浚不要接受，适当赏赐以作答谢。后
来，鉴于四夷朝贡者日众，而"祖宗以来别无止绝之文"的实情，高
宗制订了更为严厉的限贡措施，"敕海舶擅载外国入贡者，徒二年，财
物没官"。

《诸蕃进贡令式》十六卷董毡、鬼章一，阇婆一，占城一，层
檀一，大食一，勿巡一，注辇一，罗、龙、方、张、石蕃一，于
阗、拂菻一，交州一，龟兹、回鹘一，伊州、西州、沙州一，三佛
齐一，丹眉流一，大食陀婆离一，俞卢和地一。（《宋史·艺文

---

① 李云泉. 略论宋代中外朝贡关系与朝贡制度［J］. 山东师范大学学报（人文社会科学版），2003（2）：102.

志》)

按语:《诸蕃进贡令式》,书名,16 卷,撰者不详。《宋史·艺文志》著录。为诸蕃进贡仪式规范。其中一卷为"大食陀婆离",即大不里士。

自复洮州之后,于阗、大食、拂林、邈黎诸国皆惧,悉遣使入贡。(《宋史·游师雄列传》)

按语:据《宋史》记载,自从西夏手中收复洮州(今甘肃临潭)之后,于阗、大食、拂林、邈黎诸国均感畏惧,都派使者进贡。此处"大食"应非指阿巴斯王朝的中央政府,而是指中亚的某割据政权。

开宝四年,又以占城、阇婆、大食国所送礼物来上,又遣弟从谦奉珍宝器用金帛为贡,且买宴,其数皆倍于前。(《宋史·南唐李氏世家》)

按语:宋太祖开宝四年(971 年),大食等国遣使南唐,送给南唐后主李煜礼物。李煜不敢接受,进献给了宋朝。此段记载与《大食传》相印证:"本国及占城、阇婆又致礼物于李煜。煜不敢受,遣使来上。"

宋祖受命,诸国削平,海内清谧。于是东若高丽、渤海,虽阻隔辽壤,而航海远来,不惮跋涉。西若天竺、于阗、回鹘、大食、高昌、龟兹、拂林等国,虽介辽、夏之间,筐篚亦至,屡勤馆人。(《宋史·外国列传·夏国》)

按语：公元 960 年，宋太祖赵匡胤发动陈桥兵变，即皇帝位。此时阿巴斯王朝已经处于其后期（833—1258 年），中央哈里发权力衰微，各地割据政权林立。此处说"大食"介"辽夏之间"虽不甚准确，但这里的"大食"很可能指的是中亚某割据政权，而非阿巴斯王朝中央政府。

其风俗衣服与大食国相类。（《宋史·外国列传·占城》）

按语：占城即占婆补罗（"补罗"梵语意为"城"），位于中南半岛东南部，北起今越南河静省的横山关，南至平顺省潘郎、潘里地区。《新五代史》记载，"其俗与大食同"，自五代之势，中南半岛就受阿拉伯文化的影响，伊斯兰教应已传入东南亚地区。

贡犀角、象牙、龙脑、香药、孔雀四、大食瓶二十。（《宋史·外国列传·占城》）

按语：宋元时期，伊斯兰陶瓷器屡屡见诸学者的诗文。南宋诗人朱棒的五言律诗《大食瓶》就是其中之一："窳质射天巧，风轮出鬼谋。入窑奔阚伯，随舶震阳侯。独鸟藏身稳，双虹绕腹流。可充王会赋，漆简写成周。"对此诗所述"大食瓶"究指何物，学界有不同的看法：有学者认为是指塞尔柱王朝拉斯特彩陶瓶，也有学者认为是指伊斯兰玻璃瓶。①

———————

① 马文宽. 宋、元《大食瓶》新解［J］. 考古，2013（12）：84.

王年三十六岁，著大食锦或川法锦大衫、七条金璎珞，戴七宝装成金冠，蹑红皮履。（《宋史·外国列传·占城》）

按语：此句言占城国王着装。何谓"大食锦"未详。

乾道三年，子邹亚娜嗣，掠大食国方物遣人来贡，以求封爵，为其国人所诉。诏却之，遂不议其封。诏却之，遂不议其封。（《宋史·外国列传·占城》）

按语：宋孝宗乾道三年（1167 年），占城掠夺大食国的地方特产，派人来朝贡，被其国人所告。宋朝皇帝拒绝了其进贡及封爵的请求。

蒲甘国，崇宁五年，遣使入贡，诏礼秩视注辇。尚书省言："注辇役属三佛齐，故熙宁中敕书以大背纸，缄以匣袱，今蒲甘乃大国王，不可下视附庸小国。欲如大食、交趾诸国礼，凡制诏并书以白背金花绫纸，贮以间金镀管篇，用锦绢夹袱缄封以往。"从之。（《宋史·外国列传·蒲甘》）

按语：蒲甘国位于今缅甸地区。1106 年，蒲甘国入贡时，改用大食、交趾诸大国礼，即敕书用白背金花绫纸，存放于间金镀管篇中，用锦绢夹袱缄封后赐予。由此可见宋朝接待大食朝贡使节的礼仪以及对大食国的重视。

阇婆国在南海中。其国东至海一月，泛海半月至昆仑国；西至

海四十五日，南至海三日，泛海五日至大食国。（《宋史·外国列
传·阇婆》）

按语：阇婆，《新唐书》中亦称诃陵，古地名与国名，大约位于今
印度尼西亚爪哇岛或苏门答腊岛，或兼称二岛。昆仑国是南海诸国的总
称，原指位于中南半岛东南之岛国。

其国东行经六月至大食国，又二月至西州，又三月至夏州。
（《宋史·外国列传·天竺》）

按语：天竺是古代对印度和其他南亚次大陆国家的统称。西州在今
新疆吐鲁番盆地一带，夏州在今陕西省靖边县。而"大食国"位于天
竺之东经行六月，西州之西经行二月，夏州之西经行五月。可见此处
"大食国"指中亚的某割据政权，而非远在巴格达的阿巴斯王朝中央
政府。

高昌即西州也。其地南距于阗，西南距大食、波斯，西距西天
步路涉、雪山、葱岭，皆数千里。（《宋史·外国列传·高昌》）

按语：高昌即西州，其治所在今新疆吐鲁番。大食、波斯位于其西
南，这与前面引用的《宋史·阇婆传》《宋史·天竺传》中对"大食"
地理位置的记载相印证。

层檀国在南海傍，城距海二十里。熙宁四年始入贡。海道便风
行百六十日，经勿巡、古林、三佛齐国乃至广州。其王名亚美罗亚

眉兰，传国五百年，十世矣。人语音如大食。地春冬暖。贵人以越
布缠头，服花锦白氎布，出入乘象、马。有奉禄。其法轻罪杖，重
罪死。谷有稻、粟、麦。食有鱼。畜有绵羊、山羊、沙牛、水牛、
橐驼、马、犀、象。药有木香、血竭、没药、鹏砂、阿魏、薰陆。
产真珠、玻璃、密沙华三酒。交易用钱，官自铸，三分其齐，金铜
相半，而银居一分，禁民私铸。元丰六年，使保顺郎将层伽尼再
至，神宗念其绝远，诏颁赉如故事，仍加赐白金二千两。（《宋史
·外国列传·层檀》）

按语：本段介绍了层檀国的风土、物产。《文献通考》及《宋史》
中作"层檀"，《诸蕃志》中作"层拔"，《岛夷志略》中作"层摇罗"。
冯承钧先生认为指今东非之桑给巴尔。①

　　西至大食国行六十日，东至夏州九十日。（《宋史·外国列传
·龟兹》）

按语：龟兹国疆域相当于今新疆阿克苏地区和巴音郭楞蒙古自治州
部分地区，夏州在今陕西省靖边县。较之夏州，龟兹离大食更近，可见
此处"大食"位于中亚。

　　东自西大食及于阗、回纥、青唐，乃抵中国。（《宋史·外国
列传·拂菻》）

---

① 赵汝适，杨博文.诸蕃志校释［M］.北京：中华书局，1996：100－101.

按语：青唐是吐蕃故地，在今青海西宁。于阗、回纥均在今新疆。而大食在其西。此处记载与《宋史·外国列传》中对大食地理位置的记载一致。

大食国本波斯之别种。隋大业中，波斯有桀黠者探穴得文石，以为瑞，乃纠合其众，剽略资货，聚徒浸盛，遂自立为王，据有波斯国之西境。唐永徽以后，屡来朝贡。其王盆泥未换之前谓之白衣大食，阿蒲罗拔之后谓之黑衣大食。

乾德四年，僧行勤游西域，因赐其王书以招怀之。开宝元年，遣使来朝贡。四年，又贡方物，以其使李诃末为怀化将军，特以金花五色绫纸写官告以赐。是年，本国及占城、阇婆又致礼物于李煜。煜不敢受，遣使来上，因诏自今勿以为献。六年，遣使来贡方物。七年，国王诃黎佛又遣使不啰海，九年又遣使蒲希密，皆以方物来贡。

太平兴国二年，遣使蒲思那、副使摩诃末、判官蒲啰等贡方物。其从者目深体黑，谓之昆仑奴。诏赐其使袭衣、器币，从者缣帛有差。四年，复有朝贡使至。雍熙元年，国人花茶来献花锦、越诺、拣香、白龙脑、白沙糖、蔷薇水、琉璃器。

淳化四年，又遣其副酋长李亚勿来贡。其国舶主蒲希密至南海，以老病不能诣阙，乃以方物附亚勿来献。其表曰：

大食舶主臣蒲希密上言，众星垂象，回拱于北辰；百谷疏源，委输于东海。属有道之柔远，馨无外以宅心。伏惟皇帝陛下德合二仪，明齐七政，仁宥万国，光被四夷。赓歌洽《击壤》之民，重译走奉珍之贡。臣顾惟殊俗，景慕中区，早倾向日之心，颇郁朝天之愿。

昨在本国，曾得广州蕃长寄书招谕，令入京贡奉，盛称皇帝圣德，布宽大之泽，诏下广南，宠绥蕃商，阜通远物。臣遂乘海舶，爰率土毛，涉历龙王之宫，瞻望天帝之境，庶遵玄化，以慰宿心。今则虽届五羊之城，犹赊双凤之阙。自念衰老，病不能兴，遐想金门，心目俱断。今遇李亚勿来贡，谨备蕃锦药物附以上献。臣希密凡进象牙五十株，乳香千八百斤，宾铁七百斤，红丝吉贝一段，五色杂花蕃锦四段，白越诺二段，都爹一琉璃瓶，无名异一块，蔷薇水百瓶。

诏赐希密敕书、锦袍、银器、束帛等以答之。

至道元年，其国舶主蒲押陀黎赍蒲希密表来献白龙脑一百两，腽肭脐五十对，龙盐一银合，眼药二十小琉璃瓶，白沙糖三琉璃瓮，千年枣、舶上五味子各六琉璃瓶，舶上褊桃一琉璃瓶，蔷薇水二十琉璃瓶，乳香山子一坐，蕃锦二段，驼毛褥面三段，白越诺三段。引对于崇政殿，译者代奏云："父蒲希密因缘射利，泛舶至广州，迨今五稔未归。母令臣远来寻访，访至广州见之。具言前岁蒙皇帝圣恩降敕书，赐以法锦袍、紫绫缠头、间涂金银凤瓶一对、绫绢二十四。今令臣奉章来谢，以方物致贡。"

太宗因问其国，对云："与大秦国相邻，为其统属。今本国所管之民才及数千，有都城介山海间。"又问其山泽所出，对云："惟犀象香药。"问犀象以何法可取，对云："象用象媒诱至，渐以大绳羁縻之耳；犀则使人升大树操弓矢，伺其至射而杀之，其小者不用弓矢可以捕获。"上赐以袭衣、冠带、被褥等物，令阁门宴犒讫，就馆，延留数月遣回；降诏答赐蒲希密黄金，准其所贡之直。三年二月，又与宾同陇国使来朝。

咸平二年，又遣判官文戊至。三年，舶主陀婆离遣使穆吉鼻来贡。吉鼻还，赐陀婆离诏书并器服鞍马。六年，又遣使婆罗钦三摩尼等来贡方物。摩尼等对于崇政殿，持真珠以进，自云离国日诚愿得瞻威颜即献此，乞不给回赐。真宗不欲违其意，俟其还，优加恩赍。

景德元年，又遣使来。时与三佛齐、蒲端国使并在京师，会上元观灯，皆赐钱纵其宴饮。其秋，蕃客蒲加心至。四年，又遣使同占城使来，优加馆饩之礼，许遍至苑囿寺观游览。

大中祥符元年十月，车驾东封，舶主陀婆离上言愿执方物赴泰山，从之。又舶主李亚勿遣使麻勿来献玉圭。并优赐器币、袍带，并赐国主银饰绳床、水罐、器械、旗帜、鞍勒马等。四年祀汾阴，又遣归德将军陀罗离进瓶香、象牙、琥珀、无名异、绣丝、红丝、碧黄绵、细越诺、红驼毛、间金线璧衣、碧白琉璃酒器、蔷薇水、千年枣等。诏令陪位，礼成，并赐冠带服物。五年，广州言大食国人无西忽卢华百三十岁，耳有重轮，貌甚伟异。自言远慕皇化，附古逻国舶船而来。诏就赐锦袍、银带加束帛。

天禧三年，遣使蒲麻勿陀婆离、副使蒲加心等来贡。先是，其入贡路繇沙州，涉夏国，抵泰州。乾兴初，赵德明请道其国中，不许。至天圣元年来贡，恐为西人钞略，乃诏自今取海路繇广州至京师。至和、嘉祐间，四贡方物。最后以其首领蒲沙乙为武宁司阶。

熙宁中，其使辛押陀罗乞统察蕃长司公事，诏广州裁度。又进钱银助修广州城，不许。六年，都蕃首保顺郎将蒲陀婆离慈表令男麻勿奉贡物，乞以自代，而求为将军，诏但授麻勿郎将。其国部属各异名，故有勿巡，有陀婆离，有俞卢和地，有麻啰拔等国，然皆冠以大食。勿巡所贡，又有龙脑、兜罗锦、球锦袂、蕃花簟，陀婆有金饰寿带、连环臂钩、数珠之属。

政和中，横州士曹蔡蒙休押伴其使入都，沿道故滞留，强市其香药不偿直。事闻，诏提点刑狱置狱推治，因诏自今蕃夷入贡，并选承务郎以上清干官押伴，按程而行，无故不得过一日，乞取贾市者论以自盗云。

其国在泉州西北，舟行四十余日至蓝里。次年乘风帆，又六十余日始达其国。地雄壮广袤，民俗侈丽，甲于诸蕃，天气多寒。其王锦衣玉带，蹑金履，朔望冠百宝纯金冠。其居以码碯为柱，绿甘为壁，水晶为瓦，碌石为砖，活石为灰，帷幕用百花锦。官有丞相、太尉，各领兵马二万余人。马高七尺，士卒骁勇。民居屋宇略与中国同。市肆多金银绫锦。工匠技术，咸精其能。

建炎三年，遣使奉宝玉珠贝入贡。帝谓侍臣曰："大观、宣和间，茶马之政废，故武备不修，致金人乱华，危亡不绝如线。今复捐数十万缗以易无用之珠玉，曷若惜财以养战士？"诏张浚却之，优赐以答远人之意。绍兴元年，复遣使贡文犀、象齿，朝廷亦厚加赐与，而不贪其利。故远人怀之，而贡赋不绝。（《宋史·外国列传·大食》）

按语：《宋史·外国列传·大食》第一段对大食历史的记载沿袭了《旧唐书》和《新唐书》中的记载。

后面数段主要讲了大食使者朝贡之事，可与《宋史》各帝王本纪中的记载相印证。根据这些记载，宋代大食使者来华朝贡近三十次，一般认为，其中阿拉伯商人为求赏赐而冒充使者的，不在少数。

大食使者之名多以"蒲"字开头，这是阿拉伯语"艾布"（Abu，أبو）的音译，其本意是"某某之父"，常做阿拉伯人较为正式的一种昵称。据张星烺先生考证，"蒲押陀黎"即"艾布·阿卜杜拉"（Abu Aballah, أبو عبد الله），"蒲加心"即"艾布·卡西姆"（Abu Kasim, أبو قاسم），"蒲沙乙"即"艾布·赛义德"（Abu Said, أبو سعيد）。①

宋时阿巴斯王朝已进入后期，各地割据政权林立。《宋史·大食传》言："其国部属各异名，故有勿巡，有陀婆离，有俞卢和地，有麻啰跋等国，然皆冠以大食。勿巡所贡，又有龙脑、兜罗锦、球锦袄、蕃花簟，陀婆有金饰寿带、连环臂钩、数珠之属。"勿巡，即今阿曼苏哈尔一带。陀婆离，即今大不里士。俞卢和地，即今肯尼亚沿海的基卢普和格迪二城。麻啰跋，《宋史》中又作麻啰拔，即今阿曼米尔巴特。

引文倒数第三段讲述了宋徽宗政和年间一名官员，强买阿拉伯使者香药不付钱而被惩处的故事，体现了宋朝对于外国朝贡之礼的重视。

引文倒数第二段记载了大食的风土民情。自唐中期之后，由于战乱及经济重心转移等原因，海上丝绸之路取代陆路成为中外贸易交流主通道。宋朝有三大对外贸易主港，分别为广州、宁波、泉州。港口的地理便利因素对海外客商很重要，北边日本和朝鲜半岛客商希望宋朝主港口尽量靠北，而贸易量更大的阿拉伯世界和南海诸国则希望港口尽量靠南，两股方向的合力点便平衡在当时地处南北海岸中点的泉州，正是这一南北两面辐射的地理优势使得泉州市舶司（1087 年）正式开港后，先迅速超越明州港（宁波），后追平广州并在南宋晚期反超，成为第一大港。本段提到的"蓝里"即"蓝无里"（Lambri），位于苏门答腊岛西北角。"次年乘风帆，又六十余日始达其国"，可见这里提到的大食国在印度洋沿岸。

最后一段所记之事亦见诸《宋史·食货志》，之前的引文中已经提到，在此不再赘述。

---

① 张星烺. 中西交通史料汇编（第二册）[M]. 北京：中华书局，1977：252.

二、《辽史》中对阿拉伯的记载

是月，沙州炖煌王曹寿遣使进大食国马及美玉，以对衣、银器等物赐之。（《辽史·圣宗本纪》）

按语：此次进贡发生在辽圣宗统和二十四年（1006 年），"炖煌"即"敦煌"。

阿拉伯马是世界上古老名贵的马种，自古享有盛誉。考古学发现它们源于 4500 年前，原产于阿拉伯半岛。在干旱少雨、食物匮乏的条件下，经长期精心选育而成，对世界上许多优良马种的形成起过重要作用。马的形象也屡屡见于阿拉伯诗歌中，其中最有名的要数乌姆鲁勒·盖斯的《悬诗》："马儿奔跑，轻捷而又矫健，好似山洪冲下的巨石，飞腾向前。枣红马丰满的脊背上向下滑动着鞍鞯，好似光滑的石头上向下滚动着雨点。莫看这马外表瘦削，腹部尖尖，仰天长嘶，是热血沸腾在它胸间。它好似在水中畅游，勇往直前，即使是赢了，也会在大地上扬起阵阵尘烟。少年新手骑上，会被抛下马鞍，壮士老将上马，衣衫迎风飞展。它奔腾不息，一往无前，好似孩子手中的陀螺呼呼飞转。腰似羚羊，腿如鸵鸟，跑起来狼一般轻捷，狐狸般地矫健。它体躯高大，两肋浑圆，马尾笔直，甩离地面。脊背坚实，光滑又平坦，好似新娘碾香料、砸瓜子的大石磐。先猎获的兽血溅在它胸前，指甲花红把白发染。"

壬寅，大食国遣使进象及方物，为子册割请婚。

是月，大食国王复遣使请婚，封王子班郎君胡思里女可老为公主，嫁之。

　　（《辽史·圣宗本纪》）

　　按语：大食国向辽朝两次求婚，分别发生在辽圣宗开泰九年
（1020）和太平元年（1021），辽先拒后诺。一般认为，阿巴斯王朝不
大可能向伊斯兰教覆盖以外的国家求婚。这一求婚事件也许是中亚地区
某个独立的地方政权性行动。如果求婚者果真是阿巴斯王朝的宫廷，那
么其政治意图也是很明显的——利用辽国在东方牵制哈拉汗王朝和加兹
尼王朝。据黄时鉴先生在台湾《新史学》发表的《辽与“大食”》一
文中考证，《辽史》载辽与之通婚之“大食”，实系占据了粟特故地的
哈拉汗王朝，为子求婚者是哈拉汗君主黑的儿子（Qadir Khan），辽公
主下嫁的是黑的儿汗之子特勤，即文献中的删割。①

　　　今我将西至大食，假道尔国，其勿致疑。（《辽史·天祚皇帝
本纪》）

　　按语：这句话是西辽创立者耶律大石对回鹘汗国毕勒哥可汗所说。
当时辽已为金所灭，末代皇帝辽天祚帝已死，身为辽朝皇族的耶律大石
决定通过高昌回鹘王国，向西扩展，以图再起。他率军出发之前送去书
信，说辽朝“与尔国非一日之好”，“今我将西至大食，假道尔国，其
勿致疑”。回鹘王收到这封信后，耶律大石的军队已兵临城下，只好大
开城门，把耶律大石迎进宫中，大宴三日，在耶律大石临行时又献马六
百匹、骆驼一百头、羊三千只，并表示愿送质子孙，作为附庸，并一直

---

　　①　王东平．唐宋穆斯林史实杂考［J］．回族研究，2004（1）：31.

把耶律大石及其军队送到境外。

西辽的建立者耶律大石是辽朝开国皇帝耶律阿保机的八世孙。耶律大石原本效力于天祚帝，在辽朝即将灭亡之际出奔。1124 年，耶律大石称王，到达可敦城（今蒙古国布尔干省青托罗盖古回鹘城）建立根据地。1132 年，耶律大石在叶密立城登基称帝，号"菊儿汗"，群臣又尊汉号为"天祐皇帝"，西辽正式建立。

随后耶律大石向西域、漠北、中亚等地区扩张，建都于虎思斡鲁朵（今吉尔吉斯斯坦托克玛克东南布拉纳）。在 1141 年的卡特万之战，击败塞尔柱帝国联军后称霸中亚，威名远播至欧洲。突厥语和西方史籍称之为哈剌契丹（Qara－Khitay）或喀喇契丹。高昌回鹘、西喀喇汗国、东喀喇汗国及花剌子模先后臣服于强盛期的西辽。耶律大石死后，历经萧塔不烟、耶律夷列、耶律普速完三代君主后，到耶律直鲁古时期，由于长期对外战争，西辽的国力走向衰落，最终被屈出律篡权。蒙古帝国崛起后，于 1218 年西辽被蒙古国所灭。

西辽灭亡后，契丹贵族波剌黑前往波斯的克尔曼，于 1224 年建立了起儿漫王朝，又被称为"后西辽"，这也是契丹人在历史上建立的最后一个政权，于 1306 年被伊尔汗国所兼并。

　　天赞三年九月，大食国来贡。

　　统和二十四年六月，沙州炖煌王曹寿遣使进大食马及美玉，以对衣、银器等物赐之。

　　开泰九年十月，大食国王遣使为其子册哥请婚，进象及方物。

　　太平元年三月，大食国王复遣使请婚，以王子班郎君胡思里女可老封公主，降之。

　　（《辽史·属国表》）

按语：《辽史·属国表》记载了辽与大食交往的几个事件：辽太祖天赞三年（924 年）以及辽圣宗统和二十四年（1006 年）的入贡；开泰九年（1020）、太平元年（1021）两次请婚。与《辽史》之前的记载相印证。

三、小结

宋代军事力量比较薄弱，但商业繁荣，其与大食的交往主要集中在商贸方面。

宋代来华阿拉伯商人商业活动的形式，主要有朝贡贸易、聘使贸易和民间贸易这三种。

朝贡贸易是阿拉伯商人以朝贡的形式所进行的官方商业活动。阿拉伯商人之所以采取这种形式进行商业活动，是因为通过这种形式，他们可以得到货物在中国减免商税的特殊待遇，因而利润较大。同时，他们在中国进行商业活动期间，沿途吃、住由中国官府负责，并且可以享受乘轿、骑马，以客礼见知州、通判、监司等优遇。另外，因为是以国家的名义所进行的商业活动，所以还能避免中国官府中各级官员的敲诈勒索，减少在中国经商期间可能遭受的意外损失。而且按宋朝的惯例，朝贡是要给"回赐"的，而且往往会"优给其值"，就是说，不是白给中国官府，而是卖给中国朝廷。除朝贡的商品外，带进中国的其他商品还可以减、免税，所费甚少，损失还可以避免，那么善于经商的阿拉伯商人自然乐于采取这种商业活动形式了。南渡之后，庞大的岁币支出以及行政、军费开支使朝廷不得不对朝贡贸易做出严格限制，以至于在南宋时"大食来贡"之事几乎绝于《宋史》。

聘使贸易，是指由宋朝廷垫付资金给当时主管外贸的市舶司，而后由市舶司的官员出面"招诱"外商向中国出口商品，与市舶司进行贸易。这种贸易中，往往是由市舶司将招诱来的外商货物全部或大部分买下，然后市舶司又转手在国内出售，从中取利。或者是由市舶司对进口货物征税（抽解）后，允许外商在指定的地点出售。这种聘使贸易是宋朝"招诱奖进"外贸政策的重要内容，也是宋朝官营商业的重要组成部分，是宋代国家朝廷财政收入的重要来源。

民间贸易，指的是阿拉伯商人来华直接与中国民间进行贸易，即由他们直接把商品卖给中国的商人和老百姓。在宋代，这也是阿拉伯商人来华进行商业活动的另一种主要形式。但是，应该指出的是，阿拉伯商人在宋代的中国进行民间贸易，并不像进行朝贡贸易和聘使贸易那样顺利方便。这是因为，在宋朝廷对他们进行优待的同时，宋朝廷对于他们在中国进行民间贸易同时也进行了种种的限制和约束。①

宋时，阿拉伯的阿巴斯王朝已进入后期，军人掌权，哈里发成为傀儡，中央政府徒有虚名，帝国各地独立、半独立的诸侯国林立，来宋朝贡、贸易的"大食人"绝大多数也非来自中央政权，而是来自各个诸侯国。宋人也了解了这一情况。《宋史·大食传》称："其国部属各异名，故有勿巡，有陀婆离，有俞卢和地，有麻啰跋等国，然皆冠以大食。"周去非《岭外代答》中也说："大食者，诸国之总名也。有国千余所，知名者特数国耳。"

这些大食人大多通过海路来到中国。这是因为西夏的崛起，遮断了中原王朝通往西域的传统商路；更因经济中心的南移，支持外贸的经济中心也从北方转移到了南方；宋代航海技术的领先和造船业的发达，也

---

① 赖存理. 回族商业史［M］. 北京：中国商业出版社，1988.

为海上贸易的空前繁荣创造了条件。后世把这条连接东西方的海道叫作"海上丝绸之路"。同时由于中国进口的商品有很大一部分是香料，因此也被称为"海上香料之路"。

　　宋时的海外贸易以东南沿海港口为依托，这些港口也活跃着大批阿拉伯商人。很多阿拉伯人世居于此，他们的政治地位比前代也有了很大的提高，一些阿拉伯商人甚至在地方为官，拥有极大的权势。如蒲寿庚家族，公元11世纪移居广州，经营商舶，成为首屈一指的富豪。蒲寿庚本人更是"提举泉州舶司，擅蕃舶利者三十年"。

　　至于辽朝与阿拉伯的交往，《辽史》中只记载了三件事：大食朝贡、大食遣使请婚及耶律大石西征。

第四章　元代正史中的阿拉伯

一、《元史》中对阿拉伯的记载

侃字仲和，幼为丞相史天泽所器重，留于家而教养之。弱冠为百户，鸷勇有谋略。壬辰，金将伯撒复取卫州，侃拒之，破其兵四万于新卫州。遂渡河，袭金主，至归德，败其兵于阏伯台，即从速不台攻汴西门，金元帅崔立降。以功授总把。从天泽屯太康，复以下德安功为千户。壬子，送兵仗至和林，改抄马那颜。从宗王旭烈兀西征。癸丑，至木乃兮。其国堑道，置毒水中，侃破其兵五万，下一百二十八城，斩其将忽都答而兀琳算滩。算滩，华言王也。丙辰，至乞都卜。其城在担寒山上，悬梯上下，守以精兵悍卒，乃筑夹城围之，莫能克。侃架砲攻之，守将火者纳失儿开门降。旭烈兀遣侃往说兀鲁兀乃算滩来降。其父阿力据西城，侃攻破之，走据东城，复攻破杀之。丁巳正月，至兀里儿城，伏兵，下令闻钲声则起。敌兵果来，伏发，尽杀之，海牙算滩降。又西至阿剌汀，破其游兵三万，祸拶答而算滩降。至乞石迷部，忽里算滩降。西戎大国也，地方八千里，父子相传四十二世，胜兵数十万。侃兵至。又破其兵七万，屠西城，破其东城，东城殿宇。皆构以沉檀木，举火焚之，香闻百里，得七十二弦琵琶、五尺珊瑚灯檠。两城间有大河，侃预造浮梁以防其遁。城破，合里法算滩登舟，睹河有浮梁扼之，乃自缚诣军门降。其将纣答儿遁去，侃追之，至暮，诸军欲顿舍，侃不听，又行十余里，乃止。夜暴雨，先所欲舍处水深数尺。明日，获纣答儿，斩之，拔三百余城。

西行三千里，至天房，其将住石致书请降，左右以住石之请为信然，易之不为备，侃曰："欺敌者亡，军机多诈，若中彼计，耻莫大焉。"乃严备以待。住石果来邀我师，侃与战，大败之，巴儿算滩降，下其城一百八十五。又西行四十里，至密昔儿。会日暮，已休，复驱兵起，留数病卒，西行十余里顿军，下令军中，衔枚转箭。敌不知也，潜兵夜来袭，杀病卒，可乃算滩大惊曰："东天将军，神人也。"遂降。戊午，旭烈兀命侃西渡海，收富浪。侃喻以祸福，兀都算滩曰："吾昨所梦神人，乃将军也。"即来降。师还，西南至石罗子，敌人来拒，侃直出掠阵，一鼓败之，换斯干阿答毕算滩降。至宾铁，侃以奇兵奄击，大败之，加叶算滩降。己未，破兀林游兵四万，阿必丁算滩大惧，来降，得城一百二十。西南至乞里弯，忽都马丁算滩来降。西域平。侃以捷告至钓鱼山，会宪宗崩，乃还邓，开屯田，立保障。（《元史·郭侃列传》）

按语：郭侃是蒙古帝国将领。公元 1252 年跟随旭烈兀远征西亚，俘虏阿巴斯王朝的末代哈里发穆斯台绥木，灭了阿巴斯王朝，并大破十字军。《元史·郭侃列传》记载了其西征的经过。其中"算滩"即各地伊斯兰政权的统治者苏丹（Sultan），而"合里法"即阿巴斯王朝的哈里发（Khalifa）。攻破巴格达后，蒙古大军又攻占天房（麦加），继续向西直至密昔儿（埃及），并渡过地中海，打败富浪（法兰克人）。

二、元代史籍中的阿拉伯裔名人

元朝时，包括阿拉伯人在内的大量穆斯林来华。他们有的是通过丝路来华经商的商旅，有的是由于蒙古大军西征而东迁的居民。这些人在元朝被称为色目人。他们的地位仅次于蒙古人，高于汉人和南人（原南宋统治下的人民）。不少阿拉伯裔在元政府中担任要职，《元史》列传提到的就有赛典赤·赡思丁、赡思等。

赛典赤·赡思丁（1211—1279 年），全名赛典赤·赡思丁·乌马儿（al – Sayyid Shams al – Din ' Umar, السيد شمس الدين），今译"赛义德·舍姆斯丁·欧麦尔"。赛典赤意为"先生""首领"，指圣裔；赡思丁意为"宗教的太阳"，乌马儿有"长寿"之意。赛典赤·赡思丁是元代初期一位优秀的政治家。他一生的政治活动，对元初社会生产的发展起过一定作用。尤其是在担任云南平章政事（官名，为一省最高行政长官）的六年间，他对云南的社会、经济和文化建设都做出了重大贡献。元世祖忽必烈建立南行中书省后，派其为云南行省的首任平章政事。

赛典赤·赡思丁在云南六年中，"兴滇之心，事滇之子"兴利除弊，大胆改革，深得民众拥戴。至元十六年（1279 年），赛典赤·赡思丁死于任上，送葬群众"号泣震野"。忽必烈闻讯后，"思震典赤之功，诏云南省臣尽守赛典赤成规"。大德元年（1297 年）追赠赛典赤为"上柱国""咸阳王"。

赛典赤·赡思丁有五个儿子。长子纳速拉丁，官至云南省平章政事、陕西省平章政事；次子哈散，官至广东道宣慰使都元帅；三子忽辛，官至云南行省右丞、江西行省平章政事；四子苫速丁兀默里，官至云南省平章政事。《元史·赛典赤赡思丁列传》中记载了赛典赤·赡思丁与其子的事迹。

赡思（1277—1351 年），字得之，祖先大食国人，后落居真定（今正定）。赡思幼随父习儒学，9 岁时日诵经传千言，20 岁拜翰林学士承旨王思廉为师。博览群书，为乡邦推重。元延祐初（1314 年）皇帝下诏以科第取士，人劝其应试，赡思笑而不应。后经竺御史郭思贞、翰林学士承旨刘赓等举荐，于元泰定三年（1326 年）奉诏见帝。时倒剌沙握朝中权柄，赡思不往拜见。倒剌沙屡次使人招之，他都以奉养亲人辞归。天历三年（1330 年），应诏入朝，任为应奉翰林文字，赐对奎章阁。向文宗进所著《帝王心法》。文宗称善，下诏修撰经世大典，他以母老坚决辞归。至顺四年（1333 年），官拜陕西行台监察御史，次年转任佥浙西肃政廉访司事，至元四年（1338 年）改任佥浙东肃政廉访司事。因病去官归家。至正四年（1344 年）任江东肃政廉访副使，至正十年（1350 年）召为秘书少监，以疾辞告不赴。转年逝世。追赠嘉议大夫、礼部尚书、上轻车都尉，追封恒山郡侯，谥文孝。赡思博于经学，尤精易学，且通晓天文、地理、算数、水利等各科，著有《四书阙疑》《镇阳风土记》《王经思问》《奇偶阴阳消息图》《老庄精诣》《续东阳志》《重订河防通议》《审听要经》《西域异人传》《金哀宗记》《正大诸臣列传》《审听要诀》及文集 30 卷，是元代杰出的阿拉伯裔学者。《元史·儒学列传》记载了他的事迹。

《元史·忠义列传》记载了两位回族忠义之士迭里弥实和获独步丁的事迹。①

---

① 《元史》只说他们是"回回人"，是否阿拉伯裔未详。

《元史·方技（工艺附）列传》也记载了两位"回回氏"炮匠阿老瓦丁、亦思马因的事迹。①"回回炮"在元代颇为著名。阿老瓦丁和亦思马因是"回回炮"的主要制作者，又都是西域回回人，因此炮名叫西域炮、回回炮，又因首先在攻打襄阳、樊城时使用，又名襄阳炮。由于它的发射威力大，所以，又叫巨石炮。

阿合马（Ahmad Fanākatī，阿拉伯语：أحمد فناكتي،? —1282 年），回回人，元世祖忽必烈时的近臣之一，官至宰相。早年生平不详，只知他是察必皇后的父亲按陈那颜的陪嫁奴隶。史载世祖中统二年（1261年），阿合马出任上都同知，三年领中书左右部，兼都转运使。至元元年（1264 年），升至中书平章政事，主政十多年。阿合马在位期间主要掌理财政，他以清理户口、推行专卖制度、发行钞票（时称交钞）等方式来增加收入，元征服南宋之后，他又在江南实行发钞和药材限制专卖政策，使元初的财政收入大为增加。但他的种种财政措施引起其他大臣不满，武官王著联络僧人高和尚，趁世祖北往上都（今内蒙古境内）时，假传太子之命召唤留守大都的阿合马，然后设计将阿合马刺杀。二人事后被捕杀，但之后众大臣纷纷上书，力言阿合马所为多不法，经忽必烈调查后亦数阿合马之罪，不但没收其家产，杀其党羽，还对其开棺戮尸。

传统史家对阿合马之评价都相当负面，如《元史》就把阿合马收录于"奸臣传"中，有"益肆贪横""内通货贿，外示刑威"之类考语。然而随着研究的深入，后世对阿合马之评价也不再极端，盖因阿合马在任内主要不过是改革税制、整顿财政，而其被指贪污也不过是当时

---

① 《元史》称其为"回回氏"，是否阿拉伯裔未可知。但阿老瓦丁（现译为阿拉丁）和亦思马因（现译为易斯马仪）均为阿拉伯人名。据此推断，他们很有可能是阿拉伯裔。

正值元初，蒙古人并未令汉人信服，以致只要出任宰相的是色目人，不管证据，都会被视为贪横暴虐。同时期另一位大臣桑哥也是因掌理财政，而遭遇到与阿合马一样的悲剧。

三、小结

蒙元帝国是个世界性帝国，在其广阔的版图内，各个民族混合杂居，各种文明交往融合。

蒙古军队几次西征，占领了中亚、西亚原阿拉伯帝国的广袤领土，掠回了大批西域的回回人东迁到中国定居。旭烈兀西征后建立伊利汗国，东濒阿姆河，西临地中海，北界里海、黑海、高加索，南至波斯湾，成为连接元朝和中亚、西亚乃至欧洲的重要枢纽。汗国的统治者也逐渐受到当地居民的影响，改奉伊斯兰教。

同时，自唐宋以来，对外贸易繁荣，大批胡商通过陆上丝绸之路和海上丝绸之路来到中国从事贸易活动，逐渐定居全国各地。

而元朝对包括阿拉伯人在内的回回人采取了较为宽松的政策，他们可以在中国各省自由居住，不受限制。包括阿拉伯人在内的西域穆斯林开始遍及中国各地，史称"元时回回遍天下"（《明史·西域传》）。

元代统治者还用其所长，为朝廷服务。很多阿拉伯人或回回人在元朝为官为商，在社会中扮演重要角色。其中既有像赛典赤·赡思丁、奕赫抵雅尔丁[1]这样的能臣贤臣，也有像赡思这样的儒家学者，还有像迭

---

[1] 《元史》中专门为其立传，称赞其为政的才能。《元史》称其为回回氏，是否阿拉伯裔不详。

里弥实、获独步丁这样的忠义之士，像阿老瓦丁、亦思马因、也黑迭儿丁①这样的能工巧匠，也还有像阿合马这样的所谓"奸臣"。

元代来华阿拉伯人有着不同于唐宋时代来华阿拉伯人的特点：他们阶层广泛，有商人、士兵和工匠，还有专家、学者和上层人士；他们人数也众多，住地遍布全国，多世居，并逐渐自认为中国人。②

---

① 元世祖时建筑家。本大食人。当时他领茶迭儿局，掌管营造。至元三年（1266 年）曾奉命修筑大都（今北京市）宫阙，对发扬中国建筑术有所贡献。《新元史》有传，误作也里迭儿。

② 江淳，郭应德．中阿关系史［M］．北京：经济日报出版社，. 2001：85.

第五章 明代正史中的阿拉伯

一、《明史》中对阿拉伯的记载

是年，暹罗、占城、琉球、安南、满剌加、天方、苏门答剌、古里、柯枝、阿丹、锡兰山、佐法儿、甘巴里、加异勒、忽鲁谟斯、哈密、瓦剌、撒马儿罕、亦力把里入贡。（《明史·宣宗本纪》）

按语：此次入贡发生在明宣宗宣德八年（1433 年）。天方，即今沙特阿拉伯麦加；阿丹，即今也门亚丁；佐法儿，即今阿曼佐法尔。这几个国家均在今阿拉伯地区。

是年，琉球、安南、哈密、撒马儿罕、天方、土鲁番入贡。（《明史·孝宗本纪》）

按语：此次入贡发生在明孝宗弘治三年（1490 年）。

是年，琉球、天方入贡。

是年，琉球、天方、瓦剌入贡。

（《明史·武宗本纪》）

按语：这两次入贡分别发生在明武宗正德十一年（1516 年）和正德十三年（1518 年）。

是年，撒马儿罕、土鲁番、天方入贡。

是年，占城、土鲁番、撒马儿罕、天方、乌斯藏入贡。

是年，暹罗、土鲁番、天方、撒马儿罕、乌斯藏入贡。

是年，土鲁番、天方、撒马儿罕、鲁迷、哈密、暹罗入贡。

（《明史·世宗本纪》）

按语：这四次入贡分别发生在明世宗嘉靖二年（1523 年）、嘉靖二十二年（1543 年）、嘉靖三十三年（1554 年）、嘉靖三十八年（1559 年）。

是年，安南、琉球、乌斯藏、土鲁番、天方、撒马儿罕、鲁迷、哈密入贡。

琉球、安南、土鲁番、天方、撒马儿罕、鲁迷、哈密、乌斯藏入贡。

是年，土鲁番、天方、撒马儿罕、鲁迷、哈密、乌斯藏入贡。

（《明史·神宗本纪》）

按语：这三次入贡分别发生在万历四年（1576 年）、万历九年

（1581 年）、万历四十六年（1618 年）。

> 和经事三朝，先后七奉使，所历占城、爪哇、真腊、旧港、暹
> 罗、古里、满剌加、渤泥、苏门答剌、阿鲁、柯枝、大葛兰、小葛
> 兰、西洋琐里、琐里、加异勒、阿拨把丹、南巫里、甘把里、锡兰
> 山、喃渤利、彭亨、急兰丹、忽鲁谟斯、比剌、溜山、孙剌、木骨
> 都束、麻林、剌撒、祖法儿、沙里湾泥、竹步、榜葛剌、天方、黎
> 伐、那孤儿，凡三十余国。所取无名宝物，不可胜计，而中国耗废
> 亦不赀。自宣德以还，远方时有至者，要不如永乐时，而和亦老且
> 死。自和后，凡将命海表者，莫不盛称和以夸外番，故俗传三保太
> 监下西洋，为明初盛事云。（《明史·宦官列传》）

按语：从永乐三年（1405 年）至宣德八年（1433 年）的 28 年间，郑和奉明廷之命率领船队七次远航出使其他国家和地区。上述引文列举了郑和下西洋所历之地，其中木骨都束即今索马里摩加迪沙，剌撒在今亚丁湾附近①，祖法儿即今阿曼佐法尔，竹步即今索马里朱巴，天方即今沙特麦加。这些地方均在今阿拉伯地区。

> 陈九川，字惟濬，临川人。正德九年进士。从王守仁游。寻授
> 太常博士。既削籍，复从守仁卒业。世宗嗣位，召复故官，再迁主
> 客郎中。正贡献名物，节贡使犒赏费数万。会天方国贡玉石，九川
> 简去其不堪者。所求蟒衣，不为奏覆，复怒骂通事胡士绅等。士绅

---

① 故地旧说以为在今索马里西北部的泽拉（Zeila）一带。近人认为剌撒可能是阿拉伯
　文 Raŝ 的对音，意为岬。据《郑和航海图》推断其方位，当在今也门亚丁附近。

恚，假番人词讦九川及会同馆主事陈邦偁。帝怒，下二人诏狱。而是时张璁、桂萼欲倾费宏夺其位，乃属士绅再讦九川盗贡玉馈宏制带，词连兵部郎中张?、锦衣指挥张潮等。帝益怒，并下?等诏狱。指挥骆安请摄士绅质讯，给事中解一贯等亦以为言，帝不许。狱成，九川戍镇海卫，邦偁等削籍有差。久之，遇赦放还，卒。（《明史·陈九川列传》）

萼遂与璁毁宏于帝，言宏纳郎中陈九川所盗天方贡玉，受尚书邓璋贿谋起用，并及其居乡事。（《明史·费宏列传》）

按语：陈九川是明中期理学家，曾师从王守仁，是江右王门的代表人物。他因改革旧制，"正贡献名物，节犒赏费数万"，得罪了既得利益者，卷入了权力斗争。因被人诬陷盗取天方国所贡玉石，而遭流放。

正统元年，使臣马用良言："先任八谛来朝，蒙恩赐银带。今为亚烈，秩四品，乞赐金带。"从之。闰六月遣古里、苏门答剌、锡兰山、柯枝、天方、加异勒、阿丹、忽鲁谟斯、祖法儿、甘巴里、真腊使臣偕爪哇使臣郭信等同往。（《明史·外国列传五·爪哇》）

按语：根据此段记载，明英宗正统元年（1436 年）闰六月，明廷遣送古里、苏门答剌、锡兰山、柯枝、天方、加异勒、阿丹、忽鲁谟斯、祖法儿、甘巴里、真腊的使臣与爪哇使臣郭信等人一同返回。但在《明史·英宗本纪》中并未提及大食使臣来访。

苏门答剌，在满剌加之西。顺风九昼夜可至。或言即汉条枝，

唐波斯、大食二国地，西洋要会也。(《明史·外国列传六·苏门答剌》)

按语：苏门答剌即现在的印度尼西亚北苏门答腊省府棉兰，接近马六甲海峡北口，扼印度洋和太平洋的海上交通要冲，战略地位十分重要。此段说：有人说苏门答剌是汉时的条枝以及唐时的波斯、大食的领地。此应为误传。但也从侧面反映了苏门答剌受到阿拉伯伊斯兰文化的深刻影响，以致有此误传。

祖法儿，自古里西北放舟，顺风十昼夜可至。永乐十九年遣使偕阿丹、剌撒诸国入贡，命郑和赍玺书赐物报之。二十一年，贡使复至。宣德五年，和再使其国，其王阿里即遣使朝贡，八年达京师。正统元年还国，赐玺书奖王。

其国东南大海，西北重山，天时常若八九月。五谷、蔬果、诸畜咸备。人体颀硕。王及臣民悉奉回回教，婚丧亦遵其制。多建礼拜寺。遇礼拜日，市绝贸易，男女长幼皆沐浴更新衣，以蔷薇露或沉香油拭面，焚沉、檀、俺八儿诸香土罏，人立其上以薰衣，然后往拜。所过街市，香经时不散。天使至，诏书开读讫，其王遍谕国人，尽出乳香、血竭、芦荟、没药、苏合油、安息香诸物，与华人交易。乳香乃树脂。其树似榆而叶尖长，土人砍树取其脂为香。有驼鸡，颈长类鹤，足高三四尺，毛色若驼，行亦如之，常以充贡。(《明史·外国列传七·祖法儿》)

按语：祖法儿即今阿曼佐法尔。此段记载了佐法尔的风土人情。佐法尔是阿曼最南端的省份，东南临印度洋，西南与也门交界，西接著名的鲁卜哈利沙漠。祖法儿种植有枣椰、高粱、玉米、大麦、水果等作物，沿岸有渔业。

佐法尔的省会萨拉拉城坐落在阿拉伯海岸的一带狭长平原上。距萨拉拉城东北 100 多公里处，有一个叫米尔巴特的渔村，公元 4 世纪至 15 世纪时是佐法尔王国的首都。明朝时，曾七下西洋的大航海家郑和三次到过米尔巴特。据陪同郑和的阿拉伯语翻译马欢和费信所著《瀛涯胜览》和《星槎胜览》两书的记述，当来自中国的 30 多艘大小船只停泊在米尔巴特水域，当地居民齐聚码头，敲着传统的阿拉伯大鼓表示欢迎。郑和曾两次向佐法尔的国王递交文书，赠送瓷器、丝绸和茶叶等礼品。而当地国王也让人拿出乳香、苏合油、芦荟和没药等，赠予郑和一行，临别还派使者随船远航中国，向宣德皇帝进送名贵药材和香料。明朝宣德皇帝亲自接见他们，并回赠了大量礼品。这是中国和阿曼最早的官方直接交往，由此可见两国关系的源远流长。

蔷薇水是阿拉伯人蒸馏玫瑰花瓣所得的香水，是阿拉伯人常用的香品之一。蔷薇水在五代时期传入中国后，也被南唐后主李煜用来调制帐中香，李煜的帐中香方中有一方是用苏合油浸润沉香，香方最后提到用蔷薇水香气会更好。蔷薇水浸润沉香可丰富香味层次，也属于合香的一种。焚烧时沉香中会带有花的芬芳。张元干《浣溪沙》有言："花气蒸浓古鼎烟，水沉春透露华鲜。"

自古以来阿拉伯半岛一直与香料有着密切的联系，素以擅长种植、制作和使用香料而著称。《古兰经》中有这样的昭示："善人们必得饮含有樟脑的醴泉"（76：5），"他们得用那些杯饮含有姜汁的醴泉，即乐园中有名的清快泉"（76：17 - 18），"他们将饮封存的天醇，封瓶口的，是麝香"（83：25 - 26）。故香料在阿拉伯穆斯林中备受青睐，它不仅是防病、治病的药材，也是优良的饮料和保健品的上等原料。

　　乳香是阿曼的特产，也长期为佐法尔地区主要出口产品。目前西方人将它作为清漆和油漆的原料，阿拉伯人至今仍将其用于肉汤、菜肴和布丁中。乳香在我国俗称松香，除用于制漆业外，还多用于中药，在我国中医药方剂上，就有不少以乳香为主要药材制成的圆散丸汤。《奥海关志》卷三《中书备对》中记载，宋朝中国与阿拉伯人的贸易中，乳香的比重最大，用途也最广，宋廷常大量收购乳香，对乳香贸易还做特别的奖励。

　　　　木骨都束，自小葛兰舟行二十昼夜可至。永乐十四年遣使与不剌哇、麻林诸国奉表朝贡，命郑和赍敕及币偕其使者往报之。后再入贡，复命和偕行，赐王及妃彩币。二十一年，贡使又至。比还，其王及妃更有赐。宣德五年，和复颁诏其国。

　　　　国滨海，山连地旷，硗瘠少收。岁常旱，或数年不雨。俗顽嚚，时操兵习射。地不产木。亦如忽鲁谟斯，垒石为屋，及用鱼腊以饲牛羊马驼云。(《明史·外国列传七·木骨都束》)

按语：木骨都束即今索马里首都摩加迪沙。此段记载，郑和曾三次前往该国，带去明朝皇帝的敕书和礼物。在摩加迪沙国家博物馆里，至今陈列着中国明代的瓷器。

　　　　不剌哇，与木骨都束接壤。自锡兰山别罗里南行，二十一昼夜可至。永乐十四年至二十一年，凡四入贡，并与木骨都束偕。郑和亦两使其国。宣德五年，和复往使。

　　　　其国，傍海而居，地广斥卤，少草木，亦垒石为屋。其盐池。但投树枝于中，已而取起，盐即凝其上。俗淳。田不可耕，蒜葱之外无他种，专捕鱼为食。所产有马哈兽，状如獐；花福禄，状如驴；及犀、象、骆驼、没药、乳香、龙涎香之类，常以充贡。（《明史·外国列传七·不剌哇》）

按语：不剌哇即今索马里布拉瓦（Brava）一带东北，距摩加迪沙168公里。非洲大陆中部由于温度高，蒸发量大，而降水少，常年降水量减蒸发量为负值，且绝对值很大，导致海水入侵，到达内陆，即海水倒灌。海水蒸发后，其中的盐分留在地表，造成土地盐碱化。所以此段记载不剌哇"地广斥卤，少草木"。

龙涎香在唐代通过阿拉伯商人传入中国，在唐代被称为阿末香，即来自阿拉伯语 anbar（عنبر）。宋代被称为龙涎。《岭外代答》龙涎条："大食西海多龙，枕石一睡，涎沫浮水，积而能坚。鲛人探之以为至宝。新者色白，稍久则紫，甚久则黑。因至番禺尝见之，不薰不莸，似浮石而轻也。人云龙涎有异香，或云龙涎气腥能发众香，皆非也。龙涎于香本无损益，但能聚烟耳。和香而用真龙涎，焚之一铢，翠烟浮空，结而不散，座客可用一翦分烟缕。此其所以然者，蜃气楼台之余烈也。"

竹步，亦与木骨都束接壤。永乐中尝入贡。其地户口不繁，风俗颇淳。郑和至其地。地亦无草木，垒石以居，岁多旱，皆与木骨都束同。所产有狮子、金钱豹、驼蹄鸡、龙涎香、乳香、金珀、胡椒之属。（《明史·外国列传七·竹步》）

按语：竹步即今索马里南部朱巴河河口朱巴州地区。

　　阿丹，在古里之西，顺风二十二昼夜可至。永乐十四年遣使奉表贡方物。辞还，命郑和赍敕及彩币偕往赐之。自是，凡四入贡，天子亦厚加赐赉。宣德五年，海外诸番久缺贡，复命和赍敕宣谕。其王抹立克那思儿即遣使来贡。八年至京师。正统元年始还。自后，天朝不复通使，远番贡使亦不至。前世梁、隋、唐时，并有丹丹国，或言即其地。

　　地膏腴，饶粟麦。人性强悍，有马步锐卒七八千人，邻邦畏之。王及国人悉奉回回教。气候常和，岁不置闰。其定时之法，以月为准，如今夜见新月，明日即为月朔。四季不定，自有阴阳家推算。其日为春首，即有花开；其日为秋初，即有叶落；及日月交食、风雨潮汐，皆能预测。

　　其王甚尊中国。闻和船至，躬率部领来迎。入国宣诏讫，遍谕其下，尽出珍宝互易。永乐十九年，中官周姓者往，市得猫睛，重二钱许，珊瑚树高二尺者数枝，又大珠、金珀、诸色雅姑异宝、麒麟、狮子、花猫、鹿、金钱豹、驼鸡、白鸠以归，他国所不及也。

　　蔬果、畜产咸备，独无鹅、豕二者。市肆有书籍。工人所制金首饰，绝胜诸蕃。所少惟无草木，其居亦皆垒石为之。麒麟前足高九尺，后六尺，颈长丈六尺有二，短角，牛尾，鹿身，食粟豆饼饵。狮子形似虎，黑黄色无斑，首大、口广、尾尖，声吼若雷，百兽见之皆伏地。

　　嘉靖时制方丘朝日坛玉爵，购红黄玉于天方、哈密诸蕃，不可得。有通事言此玉产于阿丹，去土鲁番西南二千里，其地两山对峙，自为雌雄，或自鸣，请如永乐、宣德故事，赍重贿往购。帝从部议，已之。（《明史·外国列传七·阿丹》）

按语：阿丹，即今也门亚丁一带，位于阿拉伯半岛的西南端，它北扼红海入口，西与非洲之角隔海相望，南临亚丁湾直通印度洋，占据欧亚非三洲之要冲。亚丁湾是由两个死火山熔岩形成的半岛组成。由于昔日火山爆发，火山熔岩形成了两个酷似马鞍形的火山口，伸进了印度洋，海水平静温顺地躺在一个近似椭圆形的海湾里。所以此段说"其地两山对峙"是有依据的。

航海家郑和下西洋时曾派正太监李兴、内官周满、翻译官马欢等从苏门答腊驾宝船三艘，赍明成祖诏敕冠衣赐阿丹国王，受到国王热烈欢迎。使团在阿丹购买猫眼石、大真珠、珊瑚树、蔷薇露、狮子、麒麟、金钱豹、驼鸡等珍品。

此段提及了伊斯兰历法："其定时之法，以月为准，如今夜见新月，明日即为月朔。四季不定，自有阴阳家推算。其日为春首，即有花开；其日为秋初，即有叶落；及日月交食、风雨潮汐，皆能预测。"伊斯兰历以太阴圆缺一次为一月，12 个月为一年。月份凡 30 日为大月，29 日为小月，不置闰月。全年 354 日，所余 8 时 48 分积至 3 年左右多出 1 日。以 30 年为一周年，置 11 个闰日，带闰日的年份为 355 日。回历于元世祖至元四年（1267 年）正式传入中国，时称"万年历"。由元政府下令，颁行全国。郭守敬所撰"授时历"及明代颁行的"大统历"，都参照该历而制定。①

刺撒，自古里顺风二十昼夜可至。永乐十四年遣使来贡，命郑和报之。后凡三贡，皆与阿丹、不剌哇诸国偕。宣德五年，和复赍敕往使，竟不复贡。国傍海而居，气候常热，田瘠少收。俗淳，丧

---

① 参见《明史·历志一》。

葬有礼。有事则祷鬼神。草木不生，久旱不雨。居室，悉与竹步诸国同。所产有乳香、龙涎香、千里驼之类。（《明史·外国列传七·刺撒》）

按语：刺撒，故地旧说以为在今索马里西北部的泽拉（Zeila）一带。近人认为刺撒可能是阿拉伯文 Ra's（رأس）的对音，意为岬。据《郑和航海图》推断其方位，当在今也门亚丁附近。

嘉靖二年，贡使又至。礼官言："诸国使臣在途者迁延隔岁，在京者伺候同赏，光禄、邮传供费不赀，宜示以期约。"因列上禁制数事，从之。十二年偕天方、土鲁番入贡，称王者至百余人。礼官夏言等论其非，请敕阁臣议所答。张孚敬等言："西域诸王，疑出本国封授，或部落自相尊称。先年亦有至三四十人者，即据所称答之。若骤议裁革，恐人情觖望，乞更敕礼、兵二部详议。"于是言及枢臣王宪等谓："西域称王者，止土鲁番、天方、撒马儿罕。如日落诸国，称名虽多，朝贡绝少。弘、正间，土鲁番十三入贡，正德间，天方四入贡，称王者率一人，多不过三人，余但称头目而已。至嘉靖二年、八年，天方多至六七人，土鲁番至十一二人，撒马儿罕至二十七人。孚敬等言三四十人者，并数三国尔。今土鲁番十五王，天方二十七王，撒马儿罕五十三王，实前此所未有。弘治时回赐敕书，止称一王。若循撒马儿罕往岁故事，类答王号，人与一敕，非所以尊中国制外蕃也。盖帝王之驭外蕃，固不拒其来，亦必限以制，其或名号僭差，言词侮慢，则必正以大义，责其无礼。今谓本国所封，何以不见故牒？谓部落自号，何以达之天朝？我概给以敕，而彼即据敕恣意往来，恐益扰邮传，费供亿，殚府库以实

溪壑，非计之得也。"帝纳其言，国止给一敕，且加诘让，示以国
无二王之义。然诸蕃迄不从，十五年入贡复如故。甘肃巡抚赵载
奏："诸国称王者至一百五十余人，皆非本朝封爵，宜令改正，且
定贡使名数。通事宜用汉人，毋专用色目人，致交通生衅。"部议
从之。二十六年入贡，甘肃巡抚杨博请重定朝贡事宜，礼官复列数
事行之。后入贡，迄万历中不绝。盖番人善贾，贪中华互市，既入
境，则一切饮食、道途之资，皆取之有司，虽定五年一贡，迄不肯
遵，天朝亦莫能难也。(《明史·西域列传四·撒马儿罕》)

按语：此段言：西域诸国每一国内称王者众多，使者逗留时间长，
食宿及回赠礼品开销大，给明政府财政带来压力。于是明廷规定，一国
只能有一个国王，每五年来进贡一次，贡使的人数也应有所限制，且翻
译应用汉人。但此规定并没有得到严格执行，来贡者还是络绎不绝。西
域人善于做买卖，其入境从事贸易活动花费的食宿费用，也找明朝有关
部门报销。明廷顾及天朝大国在外番面前的颜面，亦难以责怪他们。

此段记载，西域称王者只有土鲁番、天方、撒马儿罕。明朝弘治、
正德年间，各国称王者还只有一个，到了嘉靖年间，每个国家称王者就
多达几十个了，其中很多都是各个部落自称。这一方面固然是为明朝丰
厚的赏赐和巨大的贸易利益所驱使，一方面也体现了西域各国政治权力
分散，部落势力林立。

嘉靖二十六年，甘肃巡抚杨博言："西域入贡人多，宜为限
制。"礼官言："祖宗故事，惟哈密每年一贡，贡三百人，送十一
赴京，余留关内，有司供给。他若哈烈、哈三、土鲁番、天方、撒
马儿罕诸国，道经哈密者，或三年、五年一贡，止送三五十人，其

存留赏赍如哈密例。顷来滥放入京，宜敕边臣恪遵此例，滥放者罪之。"制可。然是时哈烈已久不至，嗣后朝贡遂绝。(《明史·西域列传四·哈烈》)

按语：此段同前段引文，亦是对西域各国入贡人数做出限制。

米昔儿，一名密思儿。永乐中遣使朝贡。既宴赉，命五日一给酒馔、果饵，所经地皆置宴。正统六年，王锁鲁檀阿失剌福复来贡。礼官言："其地极远，未有赐例。昔撒马儿罕初贡时，赐予过优，今宜稍损。赐王彩币十表里，纱、罗各三匹，白氆丝布、白将乐布各五匹，洗白布二十匹，王妻及使臣递减。"从之。自后不复至。(《明史·西域列传四·米昔儿》)

按语：米昔儿，即今埃及（埃及在阿拉伯语中发音为 misr）。锁鲁檀阿失剌福（السلطان الأشرف）是阿拉伯语的音译，意为"最高贵的苏丹"。这是埃及马穆鲁克王朝第三十二任苏丹巴尔斯拜（1422—1438 年在位）的尊号。他在位期间加强了苏丹的军权，攻占了塞浦路斯，巩固了埃及在与也门和欧洲之间的红海贸易的权利。正统六年即 1441 年，巴尔斯拜的使者才到达明朝，而此时巴尔斯拜已去世三年。

弘治三年又与天方诸国贡驼、马、玉石。(《明史·西域列传四·黑娄》)

按语：弘治三年（1490 年），黑娄国与天方诸国进贡驼、马、玉石。此次入贡在《明史·孝宗本纪》中亦有记载。

天方，古筠冲地，一名天堂，又曰默伽。示道自忽鲁谟斯四十日始至，自古里西南行，三月始至。其贡使多从陆道入嘉峪关。

宣德五年，郑和使西洋，分遣其侪诣古里。闻古里遣人往天方，因使人赍货物附其舟偕行。往返经岁，市奇珍异宝及麒麟、狮子、驼鸡以归。其国王亦遣陪臣随朝使来贡。宣宗喜，赐赉有加。正统元年始命附爪哇贡舟还，赐币及敕奖其王。六年，王遣子赛亦得阿力与使臣赛亦得哈三以珍宝来贡。陆行至哈剌，遇贼，杀使臣，伤其子右手，尽劫贡物以去，命守臣察治之。

成化二十三年，其国中回回阿力以兄纳的游中土四十余载，欲往云南访求。乃携宝物钜万，至满剌加，附行人左辅舟，将入京进贡。抵广东，为市舶中官韦眘侵克。阿力怨，赴京自诉。礼官请估其贡物，酬其直，许访兄于云南。时眘惧罪，先已夤缘于内。帝乃责阿力为间谍，假贡行奸，令广东守臣逐还，阿力乃号泣而去。弘治三年，其王速檀阿黑麻遣使偕撒马儿罕、土鲁番贡马、驼、玉石。

正德初，帝从御马太监谷大用言，令甘肃守臣访求诸番骒马、骟马，番使云善马出天方。守臣因请谕诸番贡使，传达其王，俾以入贡。兵部尚书刘宇希中官指，议令守臣善择使者与通事，亲诣诸番晓谕，从之。十三年，王写亦把剌克遣使贡马、驼、梭幅、珊瑚、宝石、鱼牙刀诸物，诏赐蟒龙金织衣及麝香、金银器。

嘉靖四年，其王亦麻都儿等遣使贡马、驼、方物。礼官言："西人来贡，陕西行都司稽留半年以上始为具奏。所进玉石悉粗恶，而使臣所私货皆良。乞下按臣廉问，自今毋得多携玉石，烦扰道途。其贡物不堪者，治都司官罪。"从之。明年，其国额麻都抗等八王各遣使贡玉石，主客郎中陈九川简退其粗恶者，使臣怨。通事胡士绅亦憾九川因诈为使臣奏，词诬九川，盗玉，坐下诏狱拷讯。尚书席书、给事中解一贯等论救，不听，竟戍边。

十一年遣使偕土鲁番、撒马儿罕、哈密诸国来贡，称王者至三十七人。礼官言："旧制，惟哈密与朵颜三卫比岁一贡，贡不过三百人。三卫地近，尽许入都。哈密则十遣其二，余留待于边。若西域则越在万里，素非属国，难视三卫贡期，而所遣使人倍逾恒数。番文至二百余通，皆以索取叛人牙木兰为词。窃恐托词窥伺，以觇朝廷处分。边臣不遵明例，概行起送，有乖法体。乞下督抚诸臣，遇诸番人入贡，分别存留起送，不得概遣入京。且严饬边吏，毋避祸目前，贻患异日，贪纳款之虚名，忘御边之实策。"帝可其奏。

故事，诸番贡物至，边臣验上其籍，礼官为按籍给赐。籍所不载，许自行贸易。贡使既竣，即有余货，责令携归。愿入官者，礼官奏闻，给钞。正德末，黠番猾胥交关罔利，始有贸易余货令市侩评直、官给绢钞之例。至是，天方及土鲁番使臣，其籍余玉石、锉刀诸货，固求准贡物给赏。礼官不得已，以正德间例为请，许之。

番使多贾人，来辄挟重赏与中国市。边吏嗜贿，侵克多端，类取偿于公家。或不当其直，则咆哮不止。是岁，贡使皆黠悍，既习知中国情，且憾边吏之侵克也，屡诉之，礼官却不问。镇守甘肃中官陈浩者，当番使入贡时，令家奴王洪多索名马、玉石诸物，使臣憾之。一日，遇洪于衢，即执诣官以证实其事。礼官言事关国体，须大有处分，以服远人之心。乃命三法司、锦衣卫及给事中各遣官一员赴甘肃按治，洪迄获罪。

十七年复贡，其使臣请游览中土。礼官疑有狡心，以非故事格之。二十二年偕撒马儿罕、土鲁番、哈密、鲁迷诸国贡马及方物。

后五六年一贡，迄万历中不绝。

天方于西域为大国，四时常似夏，无雨雹霜雪，惟露最浓，草木皆资之长养。土沃，饶粟、麦、黑黍。人皆顺硕。男子削发，以布缠之。妇女则编发盖头，不露其面。相传回回设教之祖曰马哈麻者，首于此地行教，死即葬焉。墓顶常有光，日夜不熄。后人遵其教，久而不衰，故人皆向善。国无苛扰，亦无刑罚，上下安和，寇贼不作，西土称为乐国。俗禁酒。有礼拜寺，月初生，其王及臣民咸拜天，号呼称扬以为礼。寺分四方，每方九十间，共三百六十间，皆白玉为柱，黄甘玉为地。其堂以五色石砌成，四方平顶。内用沉香大木为梁凡五，又以黄金为阁。堂中垣墉，悉以蔷薇露、龙涎香和土为之。守门以二黑狮。堂左有司马仪墓，其国称为圣人冢。土悉宝石，围墙则黄甘玉。两旁有诸祖师传法之堂，亦以石筑成，俱极其壮丽。其崇奉回回教如此。

瓜果、诸畜，咸如中国。西瓜、甘瓜有一人不能举者，桃有重四五斤者，鸡、鸭有重十余斤者，皆诸番所无也。马哈麻墓后有一井，水清而甘。泛海者必汲以行，遇飓风，取水洒之即息。当郑和使西洋时，传其风物如此。其后称王者至二三十人，其俗亦渐不如初矣。(《明史·西域列传四·天方》)

按语：天方，即今沙特阿拉伯麦加，是伊斯兰教的发源地。麦加是陆上、海上丝绸之路的重要节点，"水道自忽鲁谟斯（霍尔木兹）四十日始至，自古里（今印度卡利卡特）西南行，三月始至"，而陆路从嘉峪关进入中国。

明代天方国使臣来华始于宣德八年（1433 年），至万历四十六年（1618 年），共有 20 余次。对明朝而言，天方虽远，但出宝物，主要是马和宝石。明武宗喜欢宝马，有番使报告说：马出于天方国。远不可至，差人往求，非惟致有疏虞，亦恐徒劳无益。对此，地方守臣提议可晓谕各番贡回使臣，令其互相传至天方国，晓谕番王头目，速择善马入贡。这种做法，明武宗认为太慢，不知何年可得良马，于是武宗下兵部议，兵部尚书刘宇言：宜移文甘肃镇巡官选差官员率领通事前赴各番善谕之，则良马可自至。武宗采纳了刘宇建议。正德十三年天方国贡马。

天方国宝马是什么样的？明人吕毖称："（万历）帝在位三年，西域天方国献千里马，青骢色，鹿头鹤颈，耳如竹篦，不甚肥大，而神骏权奇，意态闲逸，步之阶墀，盘旋如风，一骋竟日千里。"

对明世宗嘉靖而言，天方国则是他搜求礼神所用红黄玉的重要国家。嘉靖十年二月，明世宗因礼神所用玉爵需用红黄玉制造，令户部多方求购，不得，只好用红黄玛瑙、水晶等石暂时充用，责令求真玉。于是，户部等官员报告说，中国所用玉大多出自西域、于阗、天方诸国，及查节年贡牍，唯有浆水玉、菜玉、黑玉，并无红黄二色，且诸国俱接陕西边界，当令彼处抚臣厚价访求。嘉靖十五年，陕西抚臣报告说，遣人于天方国、土鲁番、撒马儿罕、哈密诸夷中寻找，皆无出产者。明世宗仍令巡抚诸臣设法求得。原任回回馆通事撒文秀言，二玉产在阿丹，去土鲁番西南二千里，其地两山对峙，自为雌雄，有时自鸣。请依宣德时下番事例，遣臣往购之，二玉将必可得。户部因遣官非常例，第责诸抚按督令文秀仍于边地访求，报可。明人朱国桢《涌幢小品》卷之三《红黄玉》叙述了此过程。明人谢肇淛在《五杂俎》称："玉惟黄、红二色难得，其余世间皆有之。"皇帝求玉，大小官员爱玉，于是，官员贪污贿赂乃至勒索玉石的现象累有发生，嘉靖五年陈九川评估天方国进贡玉石案，嘉靖十二年（1533年）镇守甘肃中官陈浩令家奴王洪勒索使臣名马、玉石案便是这一现象的反映。①

来朝贡的使臣多为商人，来时总会携带很多资财。上贡的货物登记在册，根据登记货物的估值来领取赏赐；没有登记的货物允许他们自由贸易。这样的朝贡贸易也遇到了一些问题：一是使臣兼商人串通明朝小吏，把他们卖不出的剩余货物登记在册作为贡品，骗取朝廷赏赐；二是明朝边境官员侵占克扣使商货物。

引文最后两段介绍了天方国的风土物产。其中麦加禁寺内的天房克尔白被误认为是先知穆罕默德之墓，其实穆罕默德墓在麦地那。

"马哈麻墓后有一井"即渗渗泉。渗渗泉位于天房东南侧，是穆斯林朝觐期间必到的一处圣地。穆斯林坚信"渗渗泉"为造物主所赐，福泽无限，故赴麦加朝觐时不仅开怀畅饮，还常带回作为珍贵礼品赠送亲友。

> 默德那，回回祖国也，地近天方。宣德时，其酋长遣使偕天方使臣来贡，后不复至。相传，其初国王谟罕蓦德生而神灵，尽臣服西域诸国，诸国尊为别谙拔尔，犹言天使也。国中有经三十本，凡三千六百余段。其书旁行，兼篆、草、楷三体，西洋诸国皆用之。其教以事天为主，而无像设。每日西向虔拜。每岁斋戒一月，沐浴更衣，居必易常处。隋开皇中，其国撒哈八撒阿的干葛思始传其教入中国。迄元世，其人遍于四方，皆守教不替。
>
> 国中城池、宫室、市肆、田园，大类中土。有阴阳、星历、医药、音乐诸技。其织文、制器尤巧。寒暑应候，民殷物繁，五谷六

---

① 张文德. 明代天方国使臣来华考——兼议明人对天方国的认识 [J]. 西域研究，2015 (4)：50 - 58.

畜咸备。俗重杀，不食猪肉。尝以白布蒙头，虽适他邦，亦不易其
俗。（《明史·西域列传四·默德那》）

按语：默德那，即今沙特阿拉伯麦地那。公元622年，先知穆罕默
德在麦加受当地人排挤迫害而被迫迁徙到麦地那，并在这里建立最早的
伊斯兰教政权（乌玛），麦地那遂成为伊斯兰国家的第一个首都。

本段记载了伊斯兰教的一些情况，提到了伊斯兰教先知穆罕默德、
伊斯兰禁止偶像崇拜、每日礼拜、斋月把斋、禁食猪肉，还提到了阿拉
伯书法。提及伊斯兰教经典时说，"国中有经三十本，凡三千六百余段"，
而《古兰经》共114章，6236节，其中穆罕默德在麦加口述了86章，占
全书的三分之二；他迁徙到麦地那以后又口述了28章，占全书的三分之
一。这里说"国中有经三十本"，也许是指《古兰经》的麦地那章。

关于伊斯兰教何时传入中国，本段明确记载："隋开皇中，其国撒
哈八撒阿的斡葛始传其教入中国。"也就是，伊斯兰教在隋文帝的开皇
年间（581—600年）由阿拉伯传播至中原。但是，伊斯兰教的创始者
穆罕默德生于570年，历史记载他在40岁时创立伊斯兰教，那么伊斯
兰教产生的时间最早也应该是610年，怎么会在产生之前10年就传播
到中国呢？这样明显的时间颠倒告诉我们"隋开皇说"缺乏基本的说
服力，也许只是前人以讹传讹吧。

20世纪20年代，著名历史学家陈垣在北大演讲时提出了他首创的
"永徽二年说"，引起了学界的广泛关注和认同。他指出，《旧唐书·大
食传》记载："永徽二年，始遣使朝贡。"即中国与阿拉伯正式通使，
是从唐永徽二年开始。其通使情况是公元651年，奉穆罕默德第三任哈
里发奥斯曼之命前来中国的第一个阿拉伯使者到达长安，朝见唐高宗，
介绍了大食帝国的情况和伊斯兰教的教义。所以，伊斯兰教正式由此时

传入了中国。从这之后，学者们一般都把永徽二年阿拉伯遣使作为伊斯兰教传入中国的标志。

二十二年偕天方诸国贡马及方物，明年还至甘州。（《明史·西域列传四·鲁迷》）

按语：鲁迷，一般指奥斯曼土耳其帝国。明嘉靖二十二年（1543年）偕同天方等国进贡马和当地物产。

二、小结

明代立国之初，太祖、成祖以武定天下，"欲威制万方，遣使四出招徕"。乃至于《明史》中说："北穷沙漠，南极溟海，东西抵日出没之处，凡舟车可至者，无所不届。"特别是明成祖朱棣，"锐意通四夷"，奉使通各国，西洋则郑和、王景弘，西域则李达，迤北则海童，西番则率使侯显。

明代对外交往最大的亮点是郑和七下西洋。郑和船队所历阿拉伯诸国包括祖法儿、木骨都束、不剌哇、竹步国、阿丹、剌撒、米昔儿、天方、默德那等。郑和船队的随行人员马欢、费信、巩珍分别就其海外见闻写了《瀛涯胜览》《星槎胜览》《西洋番国志》。明人对阿拉伯世界的了解大多来自郑和船队的口述及著述。因此，《明史》中所记载的阿拉伯诸国大多是郑和船队所历地区，位于印度洋沿岸。

然而明成祖之子明仁宗继位之后，"不欲疲中土以奉远人"，于是撤西洋取宝之船，停松花江造舟之役，召西域使臣还京，敕之归国。之后随着倭寇之患，明朝的海禁政策加严格，如此虽起到了自我保护的作用，但大大阻碍了中外交流发展。

除了向外派出使者以外，西域各国也纷纷遣使来华朝贡，其中就包括天方、默德那、祖法儿、阿丹、木骨都束、不剌哇、米昔儿等阿拉伯诸国。阿拉伯诸国带来的贡舶商品主要有马匹、玉石、香料、珍禽异兽等。

"朝贡贸易"是明代对外交往的主要特点。明朝统治者为了加强对海外贸易的控制和垄断，实行了一种招徕海外诸国入明朝贡贸易的制度，准许这些国家在朝贡的名义下随带货物，由官方给价收买。这种贸易，在海禁严厉的时候，几乎成为唯一的海外贸易渠道，因此史学界称之为"朝贡贸易"，即以"朝贡"为名，把海外贸易置于官方的直接控制之下。朝贡贸易的原则基本上可以用明人王圻的话来进行概括："凡外夷贡者，我朝皆设市舶司以领之……许带方物，官设牙行与民贸易，谓之互市。是有贡舶即有互市，非入贡即不许其互市。"

朝贡贸易在实行过程中存在一些问题：明政府以"怀柔远人""厚往薄来"为宗旨，以高于"贡品"几倍的代价为"赍赐"，朝贡的次数越多，财政负担就越大；而海外诸国"慕利"而来，"朝贡"一次就进行一次大宗贸易，有的甚至把最主要的财政收入来源都寄托于朝贡贸易之中。

虽然明代在明州（宁波）、泉州、广州也设有市舶司，但其职责与前代有很大的不同，主要"掌海外诸番朝贡市易之事"，负责辨别外国使人表文勘合之真伪，禁止私人出海，征收贡舶商品税，监管贡舶商品出售等。[1]

这种政策在清代得到了延续。在这种政策下，中阿交往乃至中外交往由盛转衰也就不足为奇了。

---

　①　参见《明史·职官志》。

第六章 清代正史中的阿拉伯

一、《清史稿》对阿拉伯的记载

是岁，朝鲜，归化城土默特部章京古禄格，鄂尔多斯部喇嘛塔尔尼齐，乌硃穆秦部车臣亲王，席北部额尔格讷，喀尔喀部土谢图汗、古伦迪瓦胡土克图喇嘛、石勒图胡土克图、嘛哈撒马谛塞臣汗，厄鲁特部顾实汗子多尔济达赖巴图鲁台吉及回回国，天方国俱来贡。朝鲜四至。（《清史稿·世祖本纪》）

按语：此次朝贡发生在顺治二年（1645 年）。此后《清史稿》中再无关于阿拉伯地区诸国来贡的记载。

天方典礼择要解二十卷。刘智撰。（《清史稿·艺文志》）

按语：《艺文志》即图书分类目录，其编纂对研究历代图书文献，考订学术源流，颇具参考价值。《清史稿·艺文志》收录了刘智的《天方典礼》。刘智（1669—1764 年），字介廉，号一斋，清上元（南京）人，为清初回族伊斯兰教著名学者、著作家。其修身研阅经史百家之籍，览读西洋书百余种，呕心沥血，潜心著书立说达 40 余年，遂创具中国特色之伊斯兰教思想体系，学者誉之为中国伊斯兰教哲学思想集大成者，广大穆斯林尊奉为"先贤"。

《天方典礼》共 20 卷。1—4 卷为"原教卷"，概述伊斯兰教的信仰要义，包括兴教史、教义学说及六大基本信仰。5—9 卷讲述伊斯兰教的法定功修，即"五功"：念、礼、斋、课、朝。10—13 卷讲述伊斯兰教的"五典"：包括夫妇、父子、君臣、兄弟、朋友间的关系及道德规范。14—20 卷为"民常"，即居、用、服、食和婚姻、丧葬等宗教礼法。其"五典"说，则是把伊斯兰教的宗教伦理与中国传统的社会伦理糅合一起，作为"天理当然之则，一定不移之礼"予以规范化。全书以"原教篇"为纲，阐述伊斯兰教以"认主为宗旨""以敬事为功夫""以归根复命为究竟"，开宗明义，提纲挈领，系统地阐述了教义学。其基本理论采自近百种阿拉伯文、波斯文经籍，而"集览、考证"部分，则采集中国历史文献典籍，是一部带有中国特色的伊斯兰教教义、教法理论专著。《天方典礼》被收入乾隆时编纂之《四库全书》。

二、小结

清朝实施闭关锁国的政策，在政治上防范外国势力和思想的渗透，威胁其集权统治，在经济上自给自足，不依靠同时也很抵制外来商品，以期保障本地经济发展，免受外来力量的影响。所以，在清代见诸史籍的与阿拉伯之间官方交往和商贸往来很少。

但中阿民间仍往来而不绝。中国文人学者有属文记述阿拉伯山川之胜者，亦有吟咏其通都大邑，赞颂其人民群众，评论其政治得失者。此外，伊斯兰教大师来华，中国穆斯林旅阿朝觐，访师求学者，亦不乏其人。①

① 江淳，郭应德. 中阿关系史［M］. 北京：经济日报出版社，2001：119.

第七章 《资治通鉴》《续资治通鉴》中的阿拉伯

西域都护定远侯班超遣掾甘英使大秦、条支，穷西海，皆前世所不至，莫不备其风土，传其珍怪焉。及安息西界，临大海，欲度，船人谓英曰："海水广大，往来者逢善风，三月乃得度，若遇迟风，亦有二岁者。故入海，人皆赍三岁粮。海中善使人思土恋慕，数有死亡者。"英乃止。（《资治通鉴卷四十八·汉纪四十》）

按语：《后汉书·西域传》中亦有对此事的记载。可参见本书第一章引文。

夏，四月，大食发兵击波斯，杀波斯王伊嗣侯，伊嗣侯之子卑路斯奔吐火罗。大食兵去，吐火罗发兵立卑路斯为波斯王而还。（《资治通鉴卷一百九十九·唐纪十五》）

按语：《旧唐书·裴行俭列传》《新唐书·裴行俭列传》《旧唐书·西戎列传》《新唐书·西域列传》对此事有更详尽的记载。可参见本书第二章引文。

是岁，大食击波斯、拂菻，破之；南侵婆罗门，吞灭诸胡，胜兵四十馀万。（《资治通鉴卷二百一·唐纪十七》）

按语："是岁"指唐高宗龙朔三年（公元663年）。

在第二任哈里发欧麦尔在任时期（634—644年在位），阿拉伯人发起了史无前例的征服运动。635年，哈里发的军队同时对拜占庭帝国和波斯萨珊帝国展开了进攻。被称作"安拉之剑"的哈立德·本·瓦利德，率领阿拉伯人迅速通过人迹罕至的叙利亚沙漠，在亚尔穆克河畔一举歼灭了拜占庭5万大军，占领了叙利亚首府大马士革。阿拉伯军队的接连胜利，迫使被围困两年的耶路撒冷于638年请降归顺。面对阿拉伯人猛烈的攻击，拜占庭帝国皇帝希拉克略悲哀地说道："叙利亚，如此美好的锦绣河山，还是归于敌人了！"

占领叙利亚后，4万阿拉伯军队乘胜挥师东进。637年，哈里发的军队占领了亚洲西部的伊拉克，并向伊朗高原境内的萨珊波斯的腹地不断推进，最终于642年在卡迪西亚战役中彻底击败了萨珊波斯军队，征服了已有4000多年文明的历史古族波斯人。

在东方，阿拉伯人于664年占领阿富汗，然后兵分两路，北路军进军中亚内陆草原地区，一路所向披靡，直到在帕米尔高原西部遇到唐朝军队才停下脚步，并与兴起于青藏高原地区的吐蕃西部和西北部边界的兴都库什山脉相接壤。南路军攻入印度河流域，征服了印度次大陆西北部的大小邦国。

《旧唐书》《新唐书》中均有"诸胡"迫于大食之侵，向唐王朝请援的记载。可参见本书第二章引文。

初，西突厥十姓可汗阿史那都支及其别帅李遮匐与吐蕃连和，侵逼安西，朝议欲发兵讨之。吏部侍郎裴行俭曰："吐蕃为寇，审礼覆没，干戈未息，岂可复出师西方！今波斯王卒，其子泥洹师为质在京师，宜遣使者送归国，道过二虏，以便宜取之，可不血刃而擒也。"上从之，命行俭册立波斯王，仍为安抚大食使。行俭奏肃州刺史王方翼以为已副，仍令检校安西都护。（《资治通鉴卷二百二·唐纪十八》）

按语：《旧唐书·裴行俭列传》《新唐书·裴行俭列传》中亦有对此事的记载。可参见本书第二章引文。

大食请献师子。姚璹上疏，以为："师子专食肉，远道传致，肉既难得，极为劳费。陛下鹰犬不蓄，渔猎悉停，岂容菲薄于身而厚给于兽！"乃却之。（《资治通鉴卷二百五·唐纪二十一》）

按语：《新唐书·姚璹列传》对此事亦有记载。可参见本书第二章引文。

枝汗那者，古乌孙也，内附岁久。吐蕃与大食共立阿了达为王，发兵攻之，枝汗那王兵败，奔安西求救。孝嵩谓都护吕休璟曰："不救则无以号令西域。"遂帅旁侧戎落兵万馀人，出龟兹西数千里，下数百城，长驱而进。是月，攻阿了达于连城。孝嵩自擐甲督士卒急攻，自巳至酉，屠其三城，俘斩千馀级，阿了达与数骑逃入山谷。孝嵩传檄诸国，威振西域，大食、康居、大宛、罽宾等八国皆遣使请降。勒石纪功而还。会有言其赃污者，坐系凉州狱，贬灵州兵曹参军。

……

　　安西副大都护汤嘉惠奏突骑施引大食、吐蕃，谋取四镇，围钵换及大石城，已发三姓葛逻禄兵与阿史那献击之。

　　（《资治通鉴卷二百一十一·唐纪二十七》）

　　按语：唐玄宗开元三年（公元 715 年），此时的西域正是危机四伏，吐蕃与大食都对西域垂涎三尺，暗中相互勾连，企图对大唐不利。它们首先把目标选定拔汗那国（在今吉尔吉斯斯坦境内）。拔汗那部落是古代乌孙国的后裔，内附唐朝已久。开元三年，吐蕃与大食共同扶立阿了达为拔汗那国国王，并发兵向拔汗那王遏波之进攻。遏波之兵败后逃到安西都护府，向唐军求救。此时张孝嵩正在安西都护府巡察，接到军情后，立即对安西都护吕休璟说："不救则无以号令西域。"由于张孝嵩有机断专行的权利，所以吕休璟将指挥权交给张孝嵩。张孝嵩自率附近各部落的万余兵马，由龟兹出发，采取长驱直入的策略，向西挺进数千里，相继攻克数百城，并于十一月直入达拔汗那境内。张孝嵩指挥唐军大破阿了达，一时威震西域。大食、康居（位于今巴尔喀什湖与咸海之间）、大宛（位于今中亚费尔干纳盆地）、罽宾（位于今阿富汗东北）等八国皆不敢与唐军争锋，相继遣使请降。

　　唐玄宗开元五年（公元 717 年），唐安西都护发三姓葛逻禄兵击溃了谋取四镇、围攻钵换及大石城的突骑施、大食和吐蕃兵。

　　春，二月，俱密王那罗延、康王乌勒伽、安王笃萨波提皆上表言为大食所侵掠，乞兵救援。

……

　　夏，四月，丙午，遣使赐乌长王、骨咄王、俱位王册命。三国皆在大食之西，大食欲诱之叛唐，三国不从，故褒之。

（《资治通鉴卷二百一十二·唐纪二十八》）

按语：这两件事分别发生于唐玄宗开元七年（公元 719 年）和开元八年（公元 720 年）。中亚、南亚诸国为大食所侵，向唐王朝请援之事亦见于《旧唐书》和《新唐书》。可参见本书第二章引文。

高仙芝之虏石国王也，石国王子逃诣诸胡，具告仙芝欺诱贪暴之状。诸胡皆怒，潜引大食欲共攻四镇。仙芝闻之，将蕃、汉三万众击大食，深入七百馀里，至恒罗斯城，与大食遇。相持五日，葛罗禄部众叛，与大食夹攻唐军，仙芝大败，士卒死亡略尽，所馀才数千人。右威卫将军李嗣业劝仙芝宵遁，道路阻隘，拔汗那部众在前，人畜塞路；嗣业前驱，奋大梃击之，人马俱毙，仙芝乃得过。

（《资治通鉴卷二百一十六·唐纪三十二》）

按语：此段乃是对怛罗斯之战的记载。《旧唐书》《新唐书》中亦有记载。可参见本书第二章引文。

上闻安西、北庭及拔汗那、大食诸国兵至凉、鄯，甲子，幸保定。（《资治通鉴卷二百一十九·唐纪三十五》）

按语：肃宗得知安西、北庭及拔汗那、大食诸国援兵到达凉州、鄯州，甲子（十五日），临幸保定郡。唐借大食兵平叛之事，《旧唐书》《新唐书》中均有记载。可参见本书第二章引文。

癸巳，广州奏：大食、波斯围州城，刺史韦利见逾城走，二国兵掠仓库，焚庐舍，浮海而去。（《资治通鉴卷二百二十·唐纪三十六》）

按语：《旧唐书·肃宗本纪》《新唐书·肃宗代宗本纪》中亦有对此事的记载。可参见本书第二章引文。

泌意欲结回纥、大食、云南与共图吐蕃，令吐蕃所备者多。知上素恨回纥，恐闻之不悦，并屯田之议不行，故不肯言。（《资治通鉴卷二百三十二·唐纪四十八》）

按语：李泌本意打算联合回纥、大食、云南，与他们共同对抗吐蕃，使吐蕃需要防备的敌手增多，但他知道唐德宗平素憎恨回纥，唯恐听到他的建议会不高兴，会连同屯田的计议也不实施了，所以他不肯讲出来。

回纥合骨咄禄可汗屡求和亲，且请昏；上未之许。会边将告乏马，无以给之，李泌言于上曰："陛下诚用臣策，数年之后，马贱于今十倍矣！"上曰："何故？"对曰：愿陛下推至公之心，屈己徇人，为社稷大计，臣乃敢言。"上曰："卿何自疑若是！"对曰："臣愿陛下北和回纥，南通云南，西结大食、天竺，如此，则吐蕃自困，马亦易致矣！"上曰："三国当如卿言，至于回纥则不可。"泌曰："臣固知陛下如此，所以不敢早言。为今之计，当以回纥为先，三国差缓耳。"上曰："唯回纥卿勿言。"泌曰："臣备位宰相，事有可否在陛下，何至不许臣言！"上曰："朕于卿言皆听之矣，至于和回纥，宜待子孙；于朕之时，则固不可！"泌曰："岂非以陕州之耻邪！"上曰："然。韦少华等以朕之故受辱而死，朕岂能忘之！属国家多难，未暇报之，和则决不可。卿勿更言！"泌曰："害少华者乃牟羽可汗，陛下即位，举兵入寇，未出其境，今合骨咄禄可汗杀之。然则今可汗乃有功于陛下，宜受封赏，又何怨邪！其后张光晟杀突董等九百馀人，合骨咄禄竟不敢杀朝廷使者，然则合骨咄禄固无罪矣。"上曰："卿以和回纥为是，则朕固非邪？"对曰："臣为社稷而言，若苟合取容，何以见肃宗、代宗于天上！"上曰："容朕徐思之。"自是泌凡十五馀对，未尝不论回纥事，上终不许。泌曰："陛下既不许回纥和亲，愿赐臣骸骨。"上曰："朕非拒谏，但欲与卿较理耳，何至遽欲去朕邪！"对曰："陛下许臣言理，此固天下之福也。"上曰："朕不惜屈己与之和，但不能负少华辈。"对曰："以臣观之，少华辈负陛下，非陛下负之也。"上曰："何故？"对曰："昔回纥叶护将兵助讨安庆绪，肃宗但令臣宴劳之于元帅府，先帝未尝见也。叶护固邀臣至其营，肃宗犹不许。及大军将发，先帝始与相见。所以然者，彼戎狄豺狼也，举兵入中国之腹，不得不过为之防也。陛下在陕，富于春秋，少华辈不能深虑，以万乘元子径造其营，又不先与之议相见之仪，使彼得肆其桀骜，岂非少华辈负陛下邪？死不足偿责矣。且香积之捷，叶护欲引兵入长安，先帝亲拜之于马前以止之，叶护遂不敢入城。当时观者十万余人，皆叹息曰：'广平王真华、夷主也！'"然则先帝所屈者少，所伸者多矣。叶护乃牟羽之叔父也。牟羽身为可汗，举全国之兵赴中原之难，故其志气骄矜，敢责礼于陛下；陛下天资神武，不为之屈。当是之时，臣不敢言其他，若可汗留陛下于营中，欢饮十日，天下岂得不寒心哉！而天威所临，豺狼驯扰，可汗毋捧陛下于貂裘，叱退左右，亲送陛下乘马而归。陛下以香积之事观之，则屈己为是乎？不屈为是乎？陛下屈于牟羽乎？牟羽屈于陛下乎？"上谓李晟、马燧曰："故旧不宜相逢。朕素怨回纥，今闻泌言香积之事，朕自觉少理。卿二人以为何如？"对曰："果如泌所言，则回纥似可恕。"上曰："卿二人复不与朕，朕当奈何！"泌曰："臣以为回纥不足怨，来宰相乃可怨耳。今回纥可汗杀牟羽，其国人有再复京城之勋，夫何罪乎！吐蕃幸境国之灾，陷河、陇数千里之地，又引兵入京城，使先帝蒙尘于陕，此乃必报之仇，况其赞普尚存，宰相不为陛下别白言此，乃欲和吐蕃以攻回纥，此为可怨耳。"上曰："朕与之为怨巳久，又闻吐蕃劫盟，今往与之和，得无复拒我，为夷狄之笑乎？"对曰："不然。臣在彭原，今可汗为胡禄都督，与今国相白婆帝皆从叶护而来，臣待之颇亲厚，故闻臣为相而求和，安有复相拒乎！臣今请以书与之约：称臣，为陛下子，每使来不过二百人，印马不过千匹，无得携中国人及商胡出塞。五者皆能如约，则主上必许和亲。如此，威加北荒，旁吐蕃，足以快陛下平昔之心矣。"上曰："自至德以来，与为兄弟之国，今一旦欲臣之，彼安肯和乎？"对曰："彼思与中国和亲久矣，其可汗、国相素信臣言，若其未谐，但应再发一书耳。"上从之。（《资治通鉴卷二百三十三·唐纪四十九》）

按语：李适还在作为皇子担任天下兵马大元帅时，曾在陕州与药子昂等数十位僚属、随从会见回纥牟羽可汗。当时回纥可汗与唐代宗结为弟兄，牟羽可汗因此认为自己是唐朝皇帝之弟、皇子李适的叔父，李适应该行侄子见叔父的"舞蹈"之礼，但是李适自始至终没有行此礼。力争许久，回纥人将药子昂、魏琚、韦少华、李进等随从各杖打一百。

魏琚、韦少华在一夜后便伤重而死。回纥可汗的母亲捧着貂裘出来道歉，叱退左右，并亲自送李适乘马返回。唐军将要合力诛灭回纥，李适因安史之乱尚未平定，加以阻止。

后来，宰相李泌建议唐德宗"北和回纥，南通云南，西结大食、天竺"以对抗吐蕃，德宗大体同意此战略，只对回纥，多次坚拒。德宗认为韦少华等人受自己牵连而死，但李泌指出，当年害死韦少华的牟羽可汗已经被合骨咄禄可汗杀死。这样一来，合骨咄禄可汗反倒是有功于德宗。他又拿出唐将张光晟杀回纥可汗叔父突董等九百多人的事例与合骨咄禄可汗不敢杀唐朝使者进行对比，认为合骨咄禄可汗确实无罪。随后，李泌更进一步指出，当年韦少华等人不该轻率让李适前往回纥大营，更不该在没有事先确定会见礼仪就让德宗会见牟羽可汗，所以是韦少华等人对不起德宗。李泌还指出，当年李适没有向牟羽可汗行礼，不曾屈服；而牟羽可汗的母亲又有亲自向李适赔罪的行为，实际上并不存在李适"屈于"牟羽可汗的情况。大将李晟、马燧也支持李泌。李适听完这段话后颇为信服，这才允许在回纥可汗称臣于唐朝皇帝，并且认唐朝皇帝为父的前提下与回纥和亲。自此后，回纥可汗上表时称臣、称儿于唐朝。

关于唐、吐蕃、大食三大力量在中亚地区的角逐，王小甫先生的《唐、吐蕃、大食政治关系史》中有详尽的考证和深入的研究。

> 是月，沙州燉煌王曹寿遗人进大食国马及美玉于辽，辽主以对衣、银器等赐之。（《续资治通鉴卷第二十六·宋纪二十六》）

按语：《辽史·圣宗本纪》中亦有对此事的记载。可参见本书第三章引文。

占城、大食诸蕃国使以方物迎献道左。大食蕃客李麻勿献玉圭，长尺二寸，自言五代祖得自西天屈长者，云："谨守此，俟中国圣君行封禅礼，即驰贡之。"（《续资治通鉴卷第二十七·宋纪二十七》）

按语：大中祥符元年（1008 年），宋真宗在泰山举行封禅，大食遣使来贺。《宋史》中对此亦有记载。可参见本书第三章引文。

先是大食国进象及方物于辽，为子请婚。是月，复来请，辽主封皇族女为公主嫁之。（《续资治通鉴卷第三十五·宋纪三十五》）

按语：《辽史》中亦有对此事的记载。可参见本书第三章引文。

先是邦光以中书舍人兼太子詹事，会蔡京献太子以大食玻璃酒器，罗列宫庭。太子怒曰："天子大臣，不闻道义相训，乃持玩好之具荡吾志邪！"命左右击碎之。（《续资治通鉴卷第九十二·宋纪九十二》）

按语：宋钦宗赵桓为太子时，有一次蔡京向他进献大食玻璃酒器，他很愤怒，说："天子大臣，不闻以道义相训，乃持玩好之具荡吾志耶？"命左右击碎酒器。

玻璃器在宋朝较为常见。本土的玻璃主要产地为吴中地区，品种丰富多样。进口玻璃器色泽的艳丽度不如本土品，但在质地牢固、耐热性强上更胜一筹，称为"蕃琉璃"，由于主要来自大食，因此也常被称为"大食玻璃""大食琉璃"。

　　先遣书回鹘王必勒哈曰："吾与尔国非一日之好，今我将西至大食，假道尔国，其勿致疑。"必勒哈得书，即迎至邸，大宴三日。临行，献马、驼、羊，愿质子孙为附庸，送至境外。（《续资治通鉴卷第九十五·宋纪九十五》）

按语：耶律大石西征欲往大食，借道回鹘之事，《辽史·天祚皇帝本纪》中亦有记载。可参见本书第三章引文。

　　己酉，张浚言大食献珠玉，已至熙州，诏津遣赴行在。右正言吕祉，言所献珍珠、犀牙、乳香、龙涎、珊瑚、栀子、玻璃，非服食器用之物，不当受，帝谕大臣曰："捐数十万缗易无用珠玉，曷若爱惜其财以养战士！"遂命宣抚司无得受，仍加赐遣之。（《续资治通鉴卷第一百七·宋纪一百七》）

按语：此事《宋史》中亦有记载。可参见本书第三章引文。

　　征处士札实至上都。札实，其先大食国人，后家于真定，博极群籍，见诸践履，皆笃实之学。延祐初，诏以科举取士，有劝其就试者，札实不应；既而侍御史郭思贞，翰林学士刘赓，参知政事王士熙，交章论荐，及是以遗逸征，见帝于龙虎台，眷遇优渥。时都尔苏柄国，西域人多附焉，札实独不往见，都尔苏屡使人招致之，即以养亲辞归。（《续资治通鉴卷第二百十三·元纪二十一》）

按语："札实"，《元史》中称其为"赡思"。《元史·儒学列传》记载了他的事迹。

第八章　其他史书中的阿拉伯

《通典》《文献通考》《册府元龟》等政书、类书的相关卷册中也散见对阿拉伯的记载，其记载之事大都与正史中重复，本书择其与正史中互相印证补益的记载辑录于本章。

一、《通典》对阿拉伯的记载

神龙以后，黑衣大食强盛，渐并诸国，至于西海，分兵镇守焉。族子环随镇西节度使高仙芝西征，天宝十载至西海，宝应初，因贾商船舶自广州而回，著经行记。（《通典·卷第一百九十一·边防七·西戎总序》）

大食，大唐永徽中，遣使朝贡云。其国在波斯之西。或云：初有波斯胡人，若有神助，得刀杀人。因招附诸胡，有胡人十一来，据次第摩首受化为王。此后众渐归附，遂灭波斯，又破拂菻及婆罗门城，所当无敌。兵众有四十二万。有国以来三十四年矣。初王已死，次传第一摩首者，今王即是第三，其王姓大食。其国男夫鼻大而长，瘦黑多须鬓，似婆罗门，女人端丽。亦有文字，与波斯不同。出驼、马、驴、骡、羖羊等。土多砂石，不堪耕种，无五谷，惟食驼、马等肉，破波斯、拂菻，始有米面。敬事天神。又云：其王常遣人乘船，将衣粮入海，经涉八年，未极西岸。于海中见一方石，石上有树，枝赤叶青，树上总生小儿，长六七寸，见人不语而皆能笑，动其手脚，头着树枝，人摘取，入手即干黑。其使得一枝还，今在大食王处。（《通典·卷第一百九十三·边防九·大食》）

按语：《经行记》中对阿拉伯的记载在第九章中有专门辑录，此处不再收录。《通典·边防·大食》的记载或为两《唐书》"大食传"的史料来源，可与本书第二章引文参照阅读。

二、《文献通考》对阿拉伯的记载

大食麻囉拔，其俗，每年以二月为岁首，歌者多以胡琴，吹笛，鸣小鼓，舞唱拍。（《文献通考·卷一百四十八·乐考二十一·夷部乐》）

大食，唐永徽中，遣使朝贡云。其国在波斯之西。或云："初有波斯胡人，若有神助，得刀杀人，因招附诸胡，有胡人十一来，据次弟摩首受化为王。此后众渐归附，遂灭波斯。又破拂菻及婆罗门城，所当无敌。兵众有四十二万。有国以来三十四年矣。初王已死，次传第一摩首者，今王即是第三。其王姓大食。其国男夫鼻大面长，瘦黑多须鬓，以婆罗门，妇女多端丽。亦有文字，与波斯不同。出驼、马、驴、骡、羖羊等。土多砂石，不堪耕种，无五穀，唯食驼、象等肉，破波斯、拂菻，始有米面。敬事天神。"又云："其王尝遣人乘船，将衣粮入海，经涉八年，未极西岸。于海中见一方石，石上有树，枝赤叶青，树上总生小儿，长六七寸，见人不

语而皆能笑，动其手脚，头着树枝，人摘取，入手即乾黑，其使得
一枝还，今在大食王处。"开元初，复遣使献马、钿带，谒见不
拜，有司将劾之，中书令张说谓殊俗慕义，不可寘于罪。元宗赦
之。使者又来，辞曰："国人止拜天，见王无拜也。"有司切责，
乃拜。十四年，遣使苏黎满献方物，拜果毅，赐绯袍、带。或曰大
食族中有孤列种，世酋长，号白衣大食。种有二姓：一曰盆尼末
换，二曰奚深。有摩诃末者，勇而智，众立为主。辟地三千里，克
夏腊城。传十四世至末换，杀兄伊疾自王，下其忍。有呼罗栅木鹿
人并波悉林将讨之，徇众曰："助我者，皆黑衣。"俄而众数万，
即杀末换，求奚深种孙阿蒲罗拔为王，更号黑衣大食。蒲罗死，弟
阿蒲恭拂立。至德初，遣使者朝贡。代宗取其兵平两京。阿蒲恭拂
死，子迷地立。死，子栖立。牟栖卒，弟诃论立。贞元时，与吐蕃
相攻，吐蕃岁西师，故鲜盗边。十四年，遣使者含珪、乌鸡、沙北
三人朝，皆拜中郎将，赍遣之。宋乾德四年，僧行勤游西域，因赐
王书以招怀之。开宝元年，遣使来朝贡。四年，又贡方物，以其使
李诃末为怀化将军，特以金花五色绫纸写官诰以赐。是年，本国及
占城，阇婆又致贡物于李煜，煜不敢受，遣使来上，因诏今后勿以
为献。六年，遣使来贡方物。七年、九年，皆遣使入贡。太平兴国
二年，遣使贡方物。其从者目深体黑，谓之昆仑奴。诏赐其使袭
衣、器币，从者缣帛有差。四年，复有朝贡使至。雍熙二年，国人
花茶复来献花绵，越诺、拣香、白龙脑、白沙糖、蔷薇水、琉璃
器。淳化四年，又遣其副蕃长李亚勿来贡。其国舶主蒲希密至南
海，以老病不能诣阙，乃以方物附亚勿来献，希密进象牙、乳香、
镔铁、红丝吉贝、五色杂花蕃锦、白越诺、琉璃瓶、无名异、蔷薇
水等，诏赐希密敕书、锦袍、银带、束帛以答之。至道元年，其国

舶主蒲押陀黎斋蒲希密表献白龙脑，腽肭脐、龙盐、眼药、白沙糖、千年枣、五味子、偏桃、蔷薇水、乳香山子、蕃锦、驼马褥面、白越诺，引对于崇政殿，译者代奏云："父蒲希密因缘射利，泛舶至广州，逮今五稔未归。母令臣远来寻访，昨至广州见之。具言前岁蒙皇帝圣恩，降敕书赐以法锦袍、紫绫缠头、间涂金银凤瓶一对、绫绢二十疋。今令臣奉章来谢，以方物致贡。"太宗因问其国，对云："与大秦国相邻，为其统属。今本国所管之民，裁及数千，有都城界山海间。"又问其山泽所出，对云："唯犀、象、香药。"问犀、象以何法可取，对云："象用象媒诱致，渐以大绳羁縻之耳；犀则使人升大树操弓矢，伺其至，射而杀之，其小者不用弓矢，可以捕获。"上赐以袭衣、冠带、被褥等物，令阁门宴犒讫，就馆，延留数月遣回；降诏答赐蒲希密黄金，准其所贡之直。三年二月，又与宾同陇国使来朝。咸平二年，又遣判官文戍至。三年，舶主陀罗离遣使穆吉鼻来贡。吉鼻还，赐紘罗离诏书并器服鞍马。六年，又遣使婆钦罗三摩尼等，对于崇政殿，持真珠以进。自云离国日诚愿得瞻威颜即献此，乞不给回赐。真宗不欲违其意，俟其还，优加恩赉。景德元年，又遣使来，时与三佛齐、蒲端国使并在京师，会上元馆镫，皆赐钱纵其宴饮。其年秋，蕃客蒲加心至。四年，又遣使同占城使来，优加馆饩之礼，许遍至苑囿寺观游览。太中祥符元年十月，车驾东封，紘婆离上言愿执方物赴泰山，从之。自国初以来数入贡，路繇沙州，涉夏国，抵秦州。乾兴初，赵德明请道其国中，不许。至天圣元年来贡，恐为西人钞掠，乃诏自今取海路繇广州至京师。至和、嘉祐间，四贡方物。最后以其首领蒲沙乙为武宁司阶。每入贡，朝廷视其物多寡加赐答之，以进奉蕃官为郎将。熙宁中，其使辛押陀乞统察蕃长司公事，诏广州裁度。

又进钱银助修广州城，不许。六年，都蕃首保顺郎将蒲陀婆离慈表令男麻勿奉贡物，乞以自代，而求为将军，诏但受麻勿郎将。其国部属各异名，故有勿巡，有陀婆离，有俞卢和地，有麻啰拔等国，然皆冠以大食。勿延所贡，又有龙脑、兜罗绵、球锦襈、番花簟，絃婆有金饰寿带、连环臂钩、数珠之属。政和中，横州士曹蔡蒙休押伴其使入都，沿道故滞留，强市其香药不偿直。事闻，诏提点刑狱置狱推治，因诏自今蕃夷入贡，并选承务郎以上清强官押伴，按程而行，无故不得过一日，乞取贾市者以自盗论。其国在泉州西北，自泉州发船四十馀日至蓝里博易，住冬。次年再发，顺风六十馀日方至其国。本国所产，多运载与三佛齐贸易，商贾转贩，以至中国。其国雄壮，其地广袤，民俗侈丽，甲于诸蕃。天气多寒，雪厚二三尺，故贵毡毯。国据诸蕃冲要。其王锦衣玉带，蹑间金屦，朔望则戴百宝纯金冠。其居以玛瑙为柱，绿甘为壁，水晶为瓦砾，石为砖，活石为灰，帷幕之属，悉用百花锦。官有丞相、太尉，各领兵马二万馀人。马高七尺，士卒骁勇。民居屋宇与中国同，但瓦则以薄石为之。市肆誼讙，金银绫锦之属，种种而聚。技巧咸精。建炎三年，张浚奏大食国遣使进奉珠玉宝贝等物，已至熙州，上宣谕曰："大观、宣和间，茶马之政废，川茶不以博马，惟市珠玉，故马政浸缺，武备不脩，致胡虏乱华，危弱之甚。今若复捐数十万缗贸易无用珠玉，曷若惜财以养战士？宜以礼赠贿而谢遣之。"乃诏张浚，并不得受，量度支赐以答远人之意。绍兴元年、六年，俱以船舶入贡。乾道四年，进贡方物。初遣使赍宝贝、象牙、乳香等入贡，舟至占城为所夺，诉于福建市舶，上令以礼遣回。开禧间遣使入贡。(《文献通考·卷三百三十九·四裔考十六·大食》)

125

按语：关于《文献通考》的取材，中唐前以《通典》为基础，中唐以后则是马端临广收博采的结果，尤其是宋代部分，当时《宋史》尚未成书，而马氏所见到的宋代史料最丰富，所以其所收之材料多有为《宋史》所无者。《文献通考》中对阿拉伯的记载与《旧唐书》《新唐书》《宋史》中的记载完全重复者本书未收录。《文献通考·卷三百三十九·四裔考十六·大食》一篇与《宋史·外国列传·大食》基本一致，可互为参照。

《文献通考·卷一百四十八·乐考二十一·夷部乐》中所说的"大食麻啰拔"即阿曼米尔巴特，"每年以二月为岁首"应指波斯新年"诺鲁兹"（公历 3 月 21 日）。

三、《唐会要》对阿拉伯的记载

广平王俶领朔方安西回纥南蛮大食之众十五万。讨安庆绪。既战。大败逆贼。遂收东京。（《唐会要·卷九十八·回纥》）

十一载。其王设阿忽与国副王野解及九国王并上表。请同心击黑衣大食。元宗宴赐慰谕遣之。（《唐会要·卷九十八·曹国》）

开元初。其蕃王莫贺咄吐屯有功。封为石国王。加特进。寻又册为顺义王。二十九年。其王伊吐屯屈勒遣使上表曰。奴自千代以来。于国忠赤。祇如突厥骑施可汗忠赤之中。部落安贴。后背天可汗。脚底大起。今突厥已属天可汗。在于西头为患。惟有大食。莫蹋突厥。伏乞天恩。不弃突厥部落。讨得大食。诸国自然安贴。

天宝初。累遣朝贡。至五年。封其王子那俱车鼻施为怀化王。并赐铁券。九载。安西节度使高仙芝奏。其王蕃礼有亏。请讨之。

其王约降。仙芝使部送。去开远门数十里。负约。以王为俘。献于阙下。斩之。自后西域皆怨。仙芝所擒王之子。西走大食。引其兵至怛罗斯城。仙芝军大为所败。自是西附于大食。至宝历二年及大历七年。并遣使朝贡。(《唐会要·卷九十九·石国》)

永徽中。其国频遣使告为大食所攻。兼征赋税。(《唐会要·卷九十九·康国》)

贞观十七年。其王波多力遣使献赤玻璃石绿金精等物。太宗降玺书答慰。自大食强盛。渐陵诸国。遣将伐其都。乃岁输金帛。臣属大食焉。(《唐会要·卷九十九·拂菻国》)

开元八年四月。遣使册立其王。时大食东与乌苌邻境。煽诱为虐。其王与骨咄王俱位王。皆守节不应。亦潜输款诚。元宗深美之。故并降册名。(《唐会要·卷九十九·乌苌国》)

龙朔元年。其国王卑路斯使奏。频被大食侵扰。请兵救援之。诏遣陇州南由令王名远充使西域。分置州县。因列其地疾陵城为波斯都督府。授卑路斯为都督。是后。数遣使贡献焉。咸亨中。卑路斯自来朝贡。高宗甚加恩赐。拜右武卫将军。

仪凤三年。令吏部侍郎裴行俭将兵。册送卑路斯还波斯国。行俭以路远。至安西碎叶而还。卑路斯独返。不得入其国。渐为大食所侵。客于吐火罗二十余年。部落数千人。后渐离散。至景龙二年来朝。拜为左威将军。无何。病卒。其国遂灭。西部众犹存。自开元十年至天宝六载。凡十遣使朝贡。献方物。夏四月。遣使献玛瑙床。九载。献火毛绣舞筵。长毛绣舞筵。无孔真珠。至大历六年九月。遣使献真珠等。(《唐会要·卷一百·波斯国》)

开元三年二月。遣使瞿云惠成来朝。八年五月。南天竺遣使献豹皮。五色能言鹦鹉。又奏请以战象兵马讨大食吐蕃。求有以名其

军。制书嘉焉。号为怀德军。(《唐会要·卷一百·天竺国》)

大食本在波斯之西。大业中。有波斯胡纠合亡命。渡恒曷水。劫夺商旅。其众渐盛。遂割据波斯西境。自立为王。其王姓大食氏。名嗷密莫末尼。自云有国已三十四年。历三主矣。其国男儿黑而多须。鼻大而长。女子白皙。行必障面。文字旁行。日五拜天神。不饮酒举乐。有礼堂。容数百人。率七日王高坐为下说法曰。死敌者生天上。杀敌致福。故俗勇于战斗。土多沙石。不堪耕种。唯食驼马。不食豕肉。西邻大海。常遣人乘船。将衣粮入海。经八年而未极西岸。海中有一方石。上有树干。赤叶青上。总生小儿。长六寸。见人皆笑。动其手脚。既着树枝。若使摘取一枝。小儿便死。

永徽二年八月。大食遣朝贡。至龙朔中、击破波斯。又破拂菻。始有面米之属。又南侵婆罗门。吞诸国。并胜兵四十余万。开元初。遣使来朝。进良马宝钿带。其使谒见。平立不拜。云本国惟拜天神。虽见王亦不拜。所司屡诘责之。其使遂依汉法致拜。其时康国石国皆臣属。十三年。遣使苏梨满等十三人献方物。授果毅。赐绯袍银带。遣还。其境东西万里。东与突骑施相接焉。又案贾耽四夷述云。隋开皇中。大食族中有孤列种。代为酋长。孤列种中又有两姓。一号盆尼夷深。一号盘泥末换其奚深。后有摩诃末者。勇健多智。众立之为王。东西征伐。开地三千里。兼克夏猎。一名钐城。摩诃末后十四代。至末换。末换杀其兄伊疾而自立。复残忍。其下怨之。有呼罗珊末粗人并波悉林举义兵。应者悉令着皂衣。旬日间。众盛数万。鼓行而西。生擒末换杀之。遂求得夷深种阿蒲罗拔立之。自后末换以前。种人谓之白衣大食。自阿蒲罗拔以后。改为黑衣大食。阿蒲罗拔卒。立其弟阿蒲恭拂。至德初。遣使朝贡。代宗之为元帅。亦用其国兵以收两都。宝应初。其使又至。恭拂卒。子迷地立。迷地卒。子牟栖立。牟栖卒。弟诃论立。贞元二年。与吐蕃为劲敌。蕃兵大半西御大食。故鲜为边患。其力不足也。至十四年丁卯九月。以黑衣大食使含嵯焉鸡沙北三人并为中郎将。放还蕃。(《唐会要·卷一百·大食国》)

天宝二年四月二十五日。上因问诸蕃诸国远近。鸿胪卿王忠嗣上言曰。臣谨按西域图。陀拔恩单国。在疏勒西南二万五千里。东至渤达国一月程。西至沮满国一月程。南至罗刹支国十五日程。北至海两月程。罗刹支国。东至都盘国十五日程。西至沙兰国二十日程。南至大食国二十日程。北至陀拔国十五日程。都盘国。东至大食国十五日程。西至罗刹支国十五日程。南至大食国二十五日程。北至渤达国一月程。渤达国。东至大食国两月程。西北至岐兰国二十日程。南至都盘国一月程。北至大食国一月程。河没国。东至南陀拔国十五日程。西北至岐兰国二十日程。从南至沙兰国一月程。从北至海两月程。岐兰国。东南至河没国二十日程。西至大食国两月程。南至沮满国二十日程。北至海五日程。涅满国。东至陀拔国一月程。西至大食国两月程。南至大食国一月程。北至岐兰国十日程。沙兰国。东至罗刹支国二十五日程。南至大食国二十五日程。北至涅满国二十五日程。石国。东至拔汗那国一百里。西南至东米国五百里。罽宾国。在疏勒西南四千里。东至俱兰陀国七百里。西至大食国一千里。南至婆罗门国五百里。北至吐火罗国二百里。东米国。在安国西北二千里。东至碎叶国五千里。西南至石国一千五百里。南至拔汗那国一千五百里。史国在疏勒西四千里。东至俱蜜国一千里。西至大食国二千里。南至吐火罗国一百里。西北至康国七百里。

证圣元年九月五日敕。蕃国使入朝。其粮料各分等第给。南天竺。北天竺。波斯。大食等国使。宜给六个月粮。尸利佛誓。真腊。诃陵等国使。给五个月粮。林邑国使。给三个月粮。(《唐会要·卷一百·杂录》)

按语:《唐会要》是断代典制体史籍,它取材于唐代的实录文案,分门别类地具体记载了唐朝各种典章制度及其沿革,保存了《新唐书》《旧唐书》未载的史实,为研究唐代政治、经济、军事、文化等各方面的情况提供了第一手资料。上述引文所载事迹在两《唐书》中均有提及,可互为参照。

四、《宋会要辑稿》对阿拉伯的记载

真宗咸平元年八月,诏曰:"敕大食国王:先差三麻杰托舶主陁离于广州买钟,除纳外少钱千三百余贯事。卿抚驭一方,恭勤万里,汛海常修于职贡,倾心远慕于声明。所市洪钟,虽亏估价,以卿素推忠恳,宜示优恩。特免追收,用隆(春)[眷]注。所欠钟钱,已降敕命蠲放。故兹示谕。"

二年闰三月,遣蒲押提黎来贡象牙四株,拣香二百斤,千年枣、白沙糖、葡萄各一,琉璃瓶、蔷薇水四十瓶,贺皇帝登位。六月,遣其判官文茂来贡。

三年三月,遣使穆吉鼻朝贡。其还也,诏赐其舶主陁婆离银二千七百两、交倚、水灌器、金镀银鞍勒马。

六年六月,其王阿弥遣使婆罗钦三摩泥等来贡方物。是岁承天节,其使与蒲端、三佛齐使皆在馆,诏赐袭衣,仍预大宴。

祥符九年十一月，大食蕃客截沙蒲黎以金钱、银钱各千文来贡，且求朝拜天颜。诏入内侍省引对崇政殿，优给其直遣之。

天禧元年六月，诏："大食国蕃客麻思利等回（示）［市］物色，免缘路商税之半。"

三年五月，遣使蒲麻勿陁婆离、副使蒲加心等来贡。

仁宗天圣元年十一月，入内内侍省副都知周文质言："沙州、大食国遣使进奉至阙。缘大食国（北）［比］来皆泛海由广州入朝，今取沙州入京，经历夏州境内，方至渭州，伏虑自今大食止于此路出入。望申旧制，不得于西蕃出入。"从之。乾兴初，赵德明请道其国，国中不许，至是，恐为西人钞略，故令从海路至京师。

至和二年十月，首领蒲沙乙贡方物。

嘉祐元年四月，首领蒲沙乙入贡方物。

五年正月，首领蒲沙乙贡方物，（援）［授］沙乙武宁司阶。其男霞佛乞以银合上干和节香，诏许之，还其银合。（以上《国朝会要》。）

神宗熙宁三年十二月二十四日，遣使来贡，赐器服、饮食有差。

五年六月二十一日，诏："大食勿巡国进奉使辛押陁罗辞归蕃，特赐白马一疋、鞍辔一副。所乞统察蕃长司公事，令广州相度。其进助修广州城钱银，不许。"

六年十月五日，大食陁婆离慈进奉都蕃首保顺郎将蒲陁婆离慈表男麻勿将贡物，乞赐将军之名，仍请以麻勿自代。诏蒲麻勿与郎将，余不行。

十二月十六日，大食俞卢和地国遣蒲啰诜来贡乳香等，诏香依广州价回赐钱二千九百贯，别赐银二千两。

元丰四年六月二十三日，广南东路经略司言："大食层檀国保顺郎将层伽尼请备礼物诣阙谢恩。"上批："多给舟，令赴阙。"

七年四月二日，大食贡方物。

哲宗元祐三年十一月，大食麻啰拔国遣人入贡。

四年四月九日，诏大食麻啰拔国贡使加立特授保顺郎将。

十一月二十五日，进贡方物。

徽宗政和六年二月二十二日，诏："今后蕃夷入贡，并选差承务郎以上清强官押伴，依程行，无故不得过一日。因而乞取置买，以自盗论；抑勒阻节入贡人者，徒二年。仍令所在州军觉察。"先是，大食国进奉，差广州司户曹事蔡蒙休押伴，在路住滞，强买人使香药，不还价钱。有旨，蒙休先次勒（倚）[停]，令提刑司置司推勘，具案闻奏。故有是诏。

六月二十七日，遣使入贡。（以上《续国朝会要》。）

光尧皇帝建炎三年三月七日，宰臣进呈张浚奏："大食国遣使进奉珠玉宝贝等物，已至熙州。"上宣谕曰："大观、宣和间，茶马之政废，川茶不以博马，惟市珠玉，故马政废缺，武备不修，致胡虏乱华，危弱之甚。今若复捐数十万缗贸易无用珠玉，曷若惜财以养战士？宜以礼赠贿而谢遣之。"乃诏张浚并不得受，量度支赐，以答远人之意。

绍兴元年十一月二十六日，提举广南路市舶张书言上言："契勘大食人使蒲亚里进贡大象牙二百九株、大犀三十五株，见收管广州市舶库。象牙各系五十七斤以上，依例每斤估钱二贯六伯文，约用本钱五万余贯，数目稍多，难以变转。乞起发一半，将一半就便搭息出卖给还。"诏拣选大象牙一百株、犀二十五株起发赴行在，准备解笏造带、宣赐臣寮使用，余从之。

四年七月六日，广南东路提刑司言："大食国进奉使人蒲亚里将进贡回赐到钱置大银六百锭及金银、器物、疋帛，被贼数十人持刃上船，杀死蕃牧四人，损伤亚里，尽数劫夺金银等前去。已帖广州火急捕捉外，乞施行。"诏："当职巡尉先次特降一官，开具职位、姓名，申枢密院。其盗贼，令安抚、提刑司督责捕盗官限一月须管收获。如限满不获，仰逐司具名闻奏，重行黜责。"

六年八月二十三日，提举福建路市舶司上言："大食蕃国蒲啰辛造船一只，般载乳香投泉州市舶，计抽解价钱三十万贯，委是勤劳，理当优异。"诏："蒲啰辛特补承信郎，仍赐公服、履笏，仍开谕以朝廷存恤远人、优异推赏之意。候回本国，令说喻蕃商广行般贩乳香前来。如数目增多，依此推恩。余人除犒设外，更与支给银、彩。"（以上《中兴会要》。）

寿皇圣帝乾道四年，大食进贡方物。初，大食遣乌师点等赍宝贝、象牙、乳香等入贡，舟至占城，为贼所夺，诉于福建路市舶，上令以理遣回。

（《宋会要辑稿·蕃夷四·大食》）

按语：《宋会要辑稿》对阿拉伯的记载主要是摘取有关诏令、奏章，它保存了元修《宋史》诸志及其他有关史籍所不载的宋代史料。从上面的诏令、奏章可以看出，宋代中阿交往主要集中在贸易领域，包括朝贡贸易、聘使贸易、民间贸易等多种贸易形式。

五、《册府元龟》对阿拉伯的记载

大食国本在波斯国之西，后众渐盛，遂割据波斯西境自立为

王，西邻于大海，有胜兵四十余万。（《册府元龟·卷九百五十八·外臣部·国邑第二》）

　　大食国在南海中。其国男夫黑色多须，鼻大而长，似婆罗门；妇人白皙。亦有文字。出驼马驴骡豠羊等，其马大于诸国。兵刃劲利，其俗勇于战斗。好事天神，而土多沙石，不堪耕种，惟食驼马等肉。俱纷摩地那山在国之西。国南邻于大海，其王移穴中黑石寘之于国。（《册府元龟·卷九百六十·外臣部·土风第二》）

　　大食国隋大业中其王名嗷蜜莫末腻。自云：有国已四十四年历三主矣。一说隋开皇中大食族中有孤列种代为酋长，孤列有二姓，一号盆尼奚深，一号盆尼末换。后有摩诃末者勇健多智众，立之为王。摩诃末后十四代至末换杀其兄，为部人所杀，遂求得奚深种阿蒲罗拔立之。阿蒲罗拔卒，立其弟阿蒲恭拂，恭拂卒，子迷地立，迷地卒，子牟栖立，牟栖卒，弟论立。是岁贞观二年也。（《册府元龟·卷九百六十六·外臣部·继袭》）

　　（唐高宗永徽）二年八月，大食国始遣使朝贡。

　　永隆二年五月，大食国、吐火罗国各遣使献马及方物。

　　永淳元年五月，大食国、波斯、真腊国九月，石国十二月，南天竺及于阗国各遣使献方物。

　　（长安）三年三月，大食国遣使献良马。

　　（唐睿宗景云二年）十二月，突厥献食，大食、新罗、林邑、狮子国并遣使献方物。（《册府元龟·卷九百七十·外臣部·朝贡第三》）

（唐玄宗开元四年）七月，大食国黑密牟尼苏利漫遣使上表献金线织袍宝装、玉洒池瓶各一（一云：开元初进马及宝钿带等方物）。

（开元七年）六月，大食国、吐火罗国、康国、南天竺国并遣使朝贡。

（开元十二年）三月，大食遣使献马及龙脑香。

（开元十三年正月），大食遣其将苏黎等十三人并来贺正旦献方物。三月，大食国遣使苏黎满等十三人献方物。

（开元二十一年九月），大食国王遣首领摩思览达干等来朝。

（天宝三年）七月大食国、康国、史国、西曹国、米国、谢䫻国、吐火罗国、突骑施、石国并遣使献马及宝。

（天宝四载）五月大食、舍麽国，七月石国王特勒、安国王屈底波并遣使来朝贡。

（天宝六载）五月，大食国王遣使献豹六，波斯国王遣使献豹四，石国王遣使献马。

（天宝十一载）十二月，黑衣大食、谢䫻、多诃密遣使来朝。

（天宝十二载）三月，罽宾国、谢䫻国、归仁国、黑衣大食并遣使献方物。

（天宝十二载）四月，黑衣大食遣使来朝。

（天宝十三载）四月，宁远国及九姓回纥、米国、突骑施、黑姓可汗及黑衣大食、吐火罗、石汗那、俱位国并遣使来朝。

（天宝）十五载七月，黑衣大食遣大酋望二十五人来朝。

肃宗至德初，大食国遣使朝贡。

乾元元年五月壬申朔回纥使多乙亥阿波八十人黑衣大食酋长闹文等六人并朝见至合门争长通事舍人乃分左右从东西门并入文涉施

黑衣大食遣使来朝见。(《册府元龟·卷九百七十一·外臣部·朝贡第四》)

唐肃宗宝应元年五月戊申，回纥、吐蕃、黑衣大食等国，六月宁远、吐蕃、狮子、波斯等国，八月奚契丹、宁远国，九月波斯、新罗，十二月黑衣大食、火寻、宁远、石国并遣使朝贡。

(大历)四年正月，牂牁、诃陵、黑衣大食，二月靺鞨，三月渤海，十二月回纥、吐蕃、契丹、奚、室韦、渤海、诃陵并遣使朝贡。

(大历)七年五月新罗，十二月回纥、吐蕃、大食、渤海、靺鞨、室韦、契丹、奚、牂牁、康国、米国九姓等各遣使朝贡。

(大历九年)七月，回纥遣使骨咄禄梅还达干等来朝，并进马四十匹。黑衣大食吐蕃并遣使来朝。

(贞元)七年正月回鹘大首领史勃美、渤海、黑衣大食，五月回鹘，九月契丹并遣使来朝。(《册府元龟·卷九百七十二·外臣部·朝贡第五》)

八年，南天竺国王尸利那罗僧伽请以战象及兵马讨大食及吐蕃等，仍求有以名其军。帝甚嘉之，名军为怀德军。

九月，回纥叶护太子领兵四千余众助讨逆贼。回纥叶护太子入见，帝亲宴慰，赐以金帛器物，恣其所欲，待之甚厚。元帅广平王领朔安、安西、回纥、大食之兵十五万，将收西京。王既见回纥王子叶护，约为兄弟，接之颇有恩信。叶护大喜。是月戊子，回纥大首领达干等一十三人从叶护至扶风见。郭子仪留之，设宴三日。叶护太子曰：国家有难远来相助，何暇食为？子仪因留之，宴毕便发。庚子，蕃汉大军齐进。壬寅，元帅广平王分回纥锐卒，剪其埋军。贼知伏师败，气索。回纥又取大营之背，与北庭行营节度李嗣业合势，表里夹战，自午及酉，斩首六万级，填沟涧而死者十二三。贼军大溃，余军入城中，嚣声夜不止。癸卯，元帅广平王整军容入长安，中军兵马使仆固怀恩领回纥及南蛮、大食等军从城南过沪水东下营。十月壬戌，遂收复东京。（《册府元龟·卷九百七十三·外臣部·助国讨伐》）

七月戊子，大食国黑密牟尼苏于漫遣使献金线织就宝装、玉洒地瓶各一。授其使员外中郎将，放还蕃。（《册府元龟·卷九百七十四·外臣部·褒异》）

（十三年正月）丙午，大食遣其将苏黎等十二人来献方物，并授果毅，赐绯袍银带放还蕃。

三月辛亥，大食首领提卑多等八人来朝，并授郎将，放还蕃。

九月乙未，大食国遣使来朝。且献方物赐帛百疋放还蕃。

癸丑，大食王遣首领摩思览达干等七人来朝，并授果毅，各赐绢二十疋放还蕃。

十二月丙申，大食首领和萨来朝授左金吾卫将军，赐紫袍金钿带放还蕃。

十二月己卯，黑衣大食谢多诃密遣使来朝，授左金吾卫员外大将军，放还蕃。

十二载七月辛亥，黑衣大食遣大茝望二十五人来朝，并授中郎将，赐紫袍金带鱼袋放还蕃。

十三载四月丙戌，突骑施黑姓可汗及黑衣大食、吐火罗右可汗郡俱位国并遣使来朝，各赐帛有差，放还蕃。（《册府元龟·卷九百七十五·外臣部·褒异第二》）

九月丁卯，以黑衣大食使含嵯、乌鸡、莎比三人并为中郎将放还蕃。（《册府元龟·卷九百七十六·外臣部·褒异第三》）

五年五月，大食引兵击波斯及米国，皆破之。波斯王伊嗣侯为大食兵所杀。伊嗣侯之子卑路期走投吐火罗，遣使来告难。上以路远不能救之。寻而大食兵退，吐火罗遣兵援立之而还。

玄宗开元八年七月，南天竺国王尸利那罗僧伽摩请以战象兵马讨大食及吐蕃，仍求有以名其军制。玄宗嘉之，名为怀德军。（《册府元龟·卷九百九十五·外臣部·交侵》）

七年二月，安国王笃萨波提遣使上表论事曰：臣笃萨波提言：臣是从天主领普天下贤圣皇帝下百万重草类奴，在远义手胡跪礼拜天恩威相，如拜诸天。自有安国已来，臣种族相继作王不绝，并军兵等并赤心奉国，从比年来被大食贼每年侵扰，国土不宁。伏乞天恩滋泽，救臣苦难。仍请敕下突厥施令救臣等，臣即统领本国兵马，计会翻破大食，伏乞天恩依臣所请。今奉献波斯骦二、佛菻绣氍毹一、郁金香三十斤、生石蜜一百斤。臣今借紫讫，伏乞天恩赐一员三品官。又臣妻可敦奉进柘必大氍毹二、绣氍毹一，上皇后。如蒙天恩滋泽，请赐臣鞍辔器仗袍带，及赐臣妻可敦衣裳妆粉。

其月戊辰，俱密国王那罗延上。表曰：臣曾祖父叔兄弟等旧来赤心向大国。今大食来侵，吐火罗及安国、石国、拔汗那国并属大食。臣国内库藏珍宝，及部落百姓物，并被大食征税将去。伏望天恩处分大食，令免臣国征税，臣等即得久长守把大国西门。伏乞照临，臣之愿也。

其月庚午，康国王乌勒伽遣使上。表曰：臣乌勒伽言：臣是从天主普天皇帝下百万里马蹄下草土类奴，臣种族及诸胡国旧来赤心向大国，不曾反叛，亦不侵损大国，为大国行裨益士。从三十五年来，每共大食贼斗战，每年大发兵马，不蒙天恩送兵救助。经今六年，被大食元率将异密屈底波领众军兵来此，共臣等斗战。臣等大破贼徒，臣等兵士亦大死损，为大食兵马极多，臣等力不敌也。臣入城自固，乃被大食围城，以三百抛车傍城三穿大坑欲破。臣等城国伏乞天恩知委，送多少汉兵来此，救助臣苦难。其大食只合一百年强盛，今年合满，如有汉兵来此，臣等必是破得大食。今谨献好马一、波斯骆驼一、𩣡二。如天恩慈泽，将赐臣物，谓付臣下使人将来，冀无侵夺。

十五年吐火罗叶护遣使上言曰：奴身罪逆不孝，慈父身被大食统押。应彻天聪，颂奉天可汗进旨云："大食欺侵，我即与你气力。"奴身今被大食重税，欺苦实深。若不得天可汗救活，奴身自活不得，国土必遭破散，求防守天可汗西门不得。伏望天可汗慈悯，与奴身多少气力，使得活路。又承天可汗处分突厥施可汗云："西头事委你，即须发兵除却大食。"其事若实，望天可汗却垂处分奴身，缘大食税急，不救得好物奉进，望天可汗照之。所欲驱遣奴身，及须已西方物，并请处分奴身，一一头戴，不敢怠慢。（《册府元龟·卷九百九十九·外臣部·请求》）

大食国以高宗龙朔中击破波斯。又破拂菻。又南侵波罗门吞并诸国胜兵四十余万。（《册府元龟·卷一千·外臣部·强盛》）

按语：《册府元龟》中对阿拉伯的记载主要为大食地理风物及历

史、大食使者来朝、借大食兵平叛、诸国请讨大食等方面，散见于国邑、土风、继袭、朝贡、助国讨伐、褒异、交侵、请求、强盛等各卷。其中关于朝贡和请讨的记载比《旧唐书》《新唐书》更为翔实，不少史料为该书所仅见，即使与正史重复者，亦有校勘价值。

02

下 编

第九章　中外交通古籍中的阿拉伯

一、唐代杜环《经行记》对阿拉伯的记载

◎摩邻国

摩邻国，在秋萨罗国西南，渡大碛，行二千里至其国。其人黑，其俗犷，少米麦，无草木，马食乾鱼，人餐鹘莽，鹘莽，即波斯枣也。瘴疠特甚。

◎大食法、大秦法、寻寻法

诸国陆行之所经也，胡则一种，法有数般。有大食法，有大秦法，有寻寻法。其寻寻蒸报于诸夷狄中最甚，当食不语。其大食法者，以弟子亲戚而作判典，纵有微过，不至相累。不食猪、狗、驴、马等肉，不拜国王、父母之尊，不信鬼神，祀天而已。其俗每七日一假，不买卖，不出纳，唯饮酒谑浪终日。其大秦善医眼及痢，或未病先见，或开脑出虫。

◎大食国

一名亚俱罗。其大食王号暮门，都此处。其士女瑰伟长大，衣裳鲜洁，容止闲丽。女子出门，必拥蔽其面。无问贵贱，一日五时

礼天。食肉作斋，以杀生为功德。系银带，佩银刀。断饮酒，禁音乐。人相争者，不至殴击。又有礼堂，容数万人。每七日，王出礼拜，登高座为众说法，曰："人生甚难，天道不易。奸非劫窃，细行谩言，安己危人，欺贫虐贱，有一于此，罪莫大焉。凡有征战，为敌所戮，必得生天，杀其敌人，获福无量。"率土禀化，从之如流。法唯从宽，葬唯从俭。郭郭之内，廊闲之中，土地所生，无物不有。四方辐辏，万货丰贱，锦绣珠贝，满于市肆。驼马驴骡，充于街巷。刻石蜜为卢舍，有似中国宝舆。每至节日，将献贵人琉璃器皿、鍮石瓶钵，盖不可算数。粳米白面，不异中华。其果有偏桃人、千年枣。其蔓菁，根大如斗而圆，味甚美。馀菜亦与诸国同。蒲陶大者如鸡子。香油贵者有二：一名耶塞漫，一名没匝（女甲反）师。香草贵者有二：一名查塞莽（蒲孔反），一名蒺芦茇。绫绢机杼，金银匠、画匠、汉匠起作画者，京兆人樊淑、刘泚，织络者，河东人乐〈阝睘〉、吕礼。又以橐驼驾车。其马，俗云西海滨龙与马交所产也。腹肚小，脚腕长，善者日走千里。其驼小而紧，背有孤峰，良者日驰千里。又有驼鸟，高四尺以上，脚似驼蹄，颈项胜得人骑行五六里，其卵大如二升。又有荠树。实如夏枣，堪作油，食除瘴。其气候温，土地无冰雪。人多疟痢，一年之内，十中五死。今吞灭四五十国，皆为所役属，多分其兵镇守，其境尽于西海焉。

按语：唐玄宗天宝十载（公元751年），唐安西节度使高仙芝与大食军遭遇怛逻斯，唐军战败，杜环成为俘虏的一员，在中亚、西亚及地中海等大食领土停留十多年。公元762年，杜环由海路返回中国，将他的游历见闻著作成书，即《经行记》。但该书原本已经佚失，幸有其族叔杜佑在《通典·西戎总序》中曾经引述该书部分内容。王国维曾根据明代嘉靖本《通典》，将其中引用的《经行记》原文辑录成书《古行记校录》。《经行记》记载13国：拔汗那国、康国、狮子国、拂菻国、摩邻国、大食国、大秦国、波斯国、石国、碎叶国、末禄国、苫国。

《经行记》有三章内容与阿拉伯相关：摩邻国；大食法、大秦法、寻寻法；大食国。一般认为，摩邻国即摩洛哥，大食国即阿拉伯阿巴斯王朝。

二、宋代朱彧《萍洲可谈》对阿拉伯的记载

北人过海外，是岁不还者，谓之"住蕃"，诸国人至广州，是岁不归者，谓之"住唐"。广人举债总一倍，约舶过廻偿，住蕃虽十年不归，息亦不增。富者乘时畜缯帛、陶货，加其直，与求债者计息，何曾倍蓰。广州官司受理，有利债负，亦市舶使专敕，欲其流通也。

广州蕃坊，海外诸国人聚居，置蕃长一人，管勾蕃坊公事，专切招邀蕃商入贡，用蕃官为之，巾袍履笏如华人。蕃人有罪，诣广州鞫实，送蕃坊行遣。缚之木梯上，以藤杖挞之，自踵至顶，每藤杖三下折大杖一下。盖蕃人不衣裈裤，喜地坐，以杖臂为苦，反不畏杖脊。徒以上罪广州决断。蕃人衣装与华异，饮食与华同。或云其先波巡尝事瞿昙氏，受戒勿食猪肉，至今蕃人但不食猪肉而已。又曰汝必欲食，当自杀自食，意谓使其割己肉自啖，至今蕃人非刃六畜则不食，若鱼鳖则不问生死皆食。其人手指皆带宝石，嵌以金锡，视其贫富，谓之指环子，交阯人尤重之，一环直百金，最上者号猫儿眼睛，乃玉石也，光焰动灼，正如活者，究之无他异，不知

佩袭之意如何。有摩娑石者，辟药虫毒，以为指环，遇毒则吮之立愈，此固可以卫生。

海南诸国，各有酋长，三佛齐最号大国，有文书，善算。商人云，日月蚀亦预知其时，但华人不晓其书尔。地多檀香，乳香，以为华货。三佛齐舶赍乳香至中国，所在市舶司以香係榷货，抽分之外，尽官市。近岁三佛齐国亦榷檀香，令商就其国主售之，直增数倍，蕃民莫敢私鬻，其政亦有术也。是国正在海南，西至大食尚远，华人诣大食，至三佛齐修船，转易货物，远贾幅凑，故号最盛。

……

乐府有"菩萨蛮"，不知何物，在广中见呼蕃妇为"菩萨蛮"，因识之。

广州蕃坊，见蕃人赌象棋，并无车马之制，只以象牙，犀角，沉檀香数块，于棋局上两两相移，亦自有节度胜败。予以戏事，未尝问也。

按语：《萍洲可谈》共三卷，由北宋朱彧撰成于宣和元年（公元1119 年），原本不传。《百川学海》《宝颜堂秘笈》本均仅一卷，不全。清代修《四库全书》时，从《永乐大典》中辑出大量佚文，参据前二本，重编为三卷本。

《萍洲可谈》中有对宋代海外交通和对包括阿拉伯人在内的来华穆斯林的记载，是研究中西交通史及中国伊斯兰教史的重要参考资料。

书中还特别提道，"菩萨蛮"这一词调曲牌源于阿拉伯语对穆斯林妇女的称呼（مسلمة, muslima）。

三、宋代周去非《岭外代答》对阿拉伯的记载

◎外国门下·大食诸国

大食者，诸国之总名也。有国千余，所知名者，特数国耳。

有麻离拔国。广州自中冬以后，发船乘北风行，约四十日到地名蓝里，博买苏木、白锡、长白藤。住至次冬，再乘东北风六十日顺风方到。此国产乳香、龙涎、真珠、琉璃、犀角、象牙、珊瑚、木香、没药、血竭、阿魏、苏合油、没石子、蔷薇水等货，皆大食诸国至此博易。国王官民皆事天，官豪皆以金线挑花帛缠头搭项，以白越诺金字布为衣，或衣诸色锦。以红皮为履，居五层楼，食面饼肉酪，贫者乃食鱼蔬。地少稻米，所产果实，甜而不酸。以蒲桃为酒，以糖煮香药为思稣酒，以蜜和香药作眉思打华酒，暖补有益。以金银为钱。巨舶富商皆聚焉。哲宗元佑三年十一月，大食麻啰拔国遣人入贡，即此麻离拔也。

有麻嘉国。自麻离拔国西去，陆行八十余程乃到。此是佛麻霞勿出世之处，有佛所居方丈，以五色玉结甃成墙屋。每岁遇佛忌辰，大食诸国王，皆遣人持宝贝金银施舍，以锦绮盖其方丈。每年诸国前来就方丈礼拜，并他国官豪，不拘万里，皆至瞻礼。方丈后有佛墓，日夜常见霞光，人近不得，往往皆合眼走过。若人临命终时，取墓上土涂胸，即乘佛力超生云。

有白达国，系大食诸国之京师也。其国王则佛麻霞勿之子孙也。大食诸国用兵相侵，不敢犯其境，以故其国富盛。王出，张皂盖，金柄，其顶有玉狮子，背负一大金月，耀人目如星，远可见也。城市衢陌居民，豪侈多宝物珍段，皆食饼肉稣酪，少鱼菜米。

产金银、碾花上等琉璃、白越诺布、苏合油。国人皆相尚以好雪布缠头。所谓软琉璃者，国所产也。

有吉慈尼国，皆大山围绕。凿山为城，方二百里，环以大水。其国有礼拜堂百余所，内一所方十里。国人七日一赴堂礼拜，谓之除或作厨馔。其国产金银、越诺布、金丝锦、五色驼毛段、碾花琉璃、苏合油、无名异、摩娑石。人食饼肉乳酪，少鱼米。民多豪富，居楼阁有五七层者。多畜牧驼马。地极寒，自秋至春，雪不消，寝近西北故也。

有眉路骨悖国。居七重之城，自上古用黑光大石叠就，每城相去千步。有蕃塔三百余，内一塔高八十丈，内有三百六十房。人皆缠头搭项，寒即以色毛段为衣，以肉面为食，以金银为钱。所谓鲛绡、蔷薇水、栀子花、摩娑石、硼砂，皆其所产也。

有勿斯离国。其地多名山。秋露既降，日出照之，凝如糖霜，采而食之，清凉甘腴，此真甘露也。山有天生树，一岁生粟，次岁生没石子。地产火浣布、珊瑚。

◎外国门下·木兰皮国

大食国西有巨海。海之西，有国不可胜计，大食巨舰所可至者，木兰皮国尔。盖自大食之陁盘地国发舟，正西涉海一百日而至之。一舟容数千人，舟中有酒食肆、机杼之属。言舟之大者，莫木兰若也，令人谓木兰舟，得非言其莫大者乎？木兰皮国所产极异，麦粒长二寸，瓜围六尺，米麦窖地数十年不坏，产胡羊高数尺，尾大如扇，春剖腹取脂数十斤，再缝而活，不取则羊以肥死。其国相传又陆行二百程，日晷长三时。秋月西风忽起，人兽速就水饮乃生，稍迟，以渴死。

◎宝货门·龙涎

大食西海多龙，枕石一睡，涎沫浮水，积而能坚。鲛人采之以为至宝。新者色白，稍久则紫，甚久则黑。因至番禺尝见之，不熏不莸，似浮石而轻也。人云龙涎有异香，或云龙涎气腥能发众香，皆非也。龙涎于香本无损益，但能聚烟耳。和香而用真龙涎，焚之一铢，翠烟浮空，结而不散，座客可用一翦分烟缕。此其所以然者，蜃气楼台之余烈也。

按语：《岭外代答》的作者是周去非，字直夫，浙东路永嘉（今浙江温州）人。南宋孝宗淳熙（1174—1189 年）初，周去非曾"试尉桂林，分教宁越"，在静江府（今广西桂林）任小官，东归后因问岭外事者甚多，书以代答，故名。《岭外代答》于淳熙五年（公元 1178 年）成书，共 10 卷，20 门，294 条，记载了岭南（今两广一带）的社会经济、少数民族的生活风俗以及物产资源、山川、古迹等情况。其中外国门、香门、宝货门兼及南洋诸国，并涉及大秦、大食、木兰皮诸国。

《岭外代答》所涉阿拉伯国家和地区有：麻离拔国（即今阿曼米尔巴特）、麻嘉国（即今沙特阿拉伯麦加）、白达国（即今伊拉克巴格达）、吉慈尼国（即位于中亚的伽色尼王朝）、眉路骨惇国（所指不详）、勿斯离国（即今伊拉克摩苏尔）、木兰皮国（即位于西北非和西班牙南部的穆拉比特王朝）。

四、宋代赵汝适《诸藩志》对阿拉伯的记载

◎大食国

大食，在泉之西北；去泉州最远，番舶艰于直达。自泉发船四十馀日，至蓝里博易，住冬；次年再发，顺风六十馀日，方至其

国。本国所产，多运载与三佛齐贸易贾转贩以至中国。

其国雄壮，其地广袤。民俗侈丽，甲于诸番。天气多寒，雪厚二、三尺；故贵毡毯。国都号蜜徐篱或作麻罗拔，据诸番冲要。王头缠织锦番布；朔望则戴八面纯金平顶冠，极天下珍宝，皆施其上。衣锦衣，系玉带，躧间金履。其居以玛瑙为柱，以绿甘石之透明如水晶者为壁，以水晶为瓦，以碌石为砖，以活石为灰。帷幕之属，悉用百花锦；其锦以真金线夹五色丝织成。台榻饰以珠宝，阶砌包以纯金，器皿鼎灶杂用金银。结真珠为帘，每出朝，坐于帘后。官有丞相，披金甲，戴兜鍪，持宝剑，拥卫左右。馀官曰太尉，各领兵马二万馀人。马高七尺，用铁为鞋。士卒骁勇，武艺冠伦。街阔五丈馀，就中凿二丈深四尺，以备骆驼、马、牛驮负物货。左右铺砌青黑石板，尤极精致，以便来往。民居屋宇，与中国同；但瓦则以薄石为之。民食专仰米谷，好嗜细面、蒸羊；贫者食鱼、菜。果实皆甜无酸。取蒲萄汁为酒，或用糖煮香药为思酥酒。又用蜜和香药作眉思打华酒，其酒大暖。巨富之家，博易金银，以量为秤。市肆喧哗，金银、绫锦之类，种种萃聚。工匠技术，咸精其能。王与官民皆事天，有佛名麻霞勿。七月一，削发翦甲。岁首，清斋念经一月，每日五次拜天。农民耕种，无水旱之忧；有溪涧之水，足以灌溉。其源不知从出，当农隙时，其水止平两岸，及农务将兴，渐渐泛溢，日增一日；差官一员视水候至，广行劝集，齐时耕种，足用之后，水退如初。国有大港，深二十馀丈。东南濒海，支流达于诸路。港之两岸，皆民居。日为墟市，舟车辐凑；麻、麦、粟、豆、糖、面、油、柴、鸡、羊、鹅、鸭、鱼、虾、枣圈、蒲萄、杂果皆萃焉。

土地所出，真珠、象牙、犀角、乳香、龙涎、木香、丁香、肉豆蔻、安息香、芦荟、没药、血碣、阿魏、腽肭脐、鹏砂、琉璃、玻璃、碎磲、珊瑚树、猫儿睛、栀子花、蔷薇水、没石子、黄蜡、织金、软锦、驼毛、布兜、罗绵、异缎等。番商兴贩，系就三佛齐、佛罗安等国转易。

麻罗抹、施曷、奴发、哑四包闲、罗施美、木俱兰、伽力吉、毗喏耶、伊禄、白达、思莲、白莲、积吉、甘眉、蒲花罗、层拔、弼琶罗、勿拔、瓮篱、记施、麻嘉、弼斯罗、吉慈尼、勿厮离，皆其属国也。其国本波斯之别种，隋大业中，有波斯之桀黠者探穴得文石以为瑞，乃纠合其众，剽略资货，聚徒浸盛，遂自立为王，据有波斯国之西境。唐永徽以后，屡来朝贡。其王盆尼末换之前，谓之白衣大食；阿婆罗拔之后，谓之黑衣大食。皇朝乾德四年，僧行勤游西域，因赐其王书以招怀之。开宝元年，遣使来朝贡。四年，同占城、阇婆致礼物于江南李煜；煜不敢受，遣使上其状，因诏"自今勿以为献"。淳化四年，遣副使李亚勿来贡，引对于崇政殿；称其国与大秦国为邻，土出象牙、犀角。太宗问取犀、象何法？对曰："象用象媒，诱至渐近，以大绳羁縻之耳。犀则使人升大树，操弓矢，伺其至，射而杀之。其小者不用弓矢，亦可捕获"。赐以袭衣冠带；仍赐黄金，准其所贡之直。雍熙三年，同宾瞳龙国来朝。咸平六年，又遣麻尼等贡真珠，乞不给回赐。真宗不欲违其意，俟其还，优加恩礼。景德元年，其使与三佛齐、蒲甘使同在京师，留上元观灯，皆赐钱纵饮。四年，偕占城来贡，优加馆饩，许览寺观范围。大中祥符车驾东封，其主陁婆离上言，愿执方物赴泰山；从之。四年，祀汾阴，又来；诏令陪位。旧传广州言大食国人无西忽卢华百三十岁，耳有重轮，貌甚伟异；自言远慕皇化，附古逻国舶船而来。诏赐锦袍、银带，加束帛。元佑、开禧间，各遣使入贡。有番商曰施那帏，大食人也。踦寓泉南，轻财乐施，有西土气习；作丛冢于城外之东南隅，以掩胡贾之遗骸。提舶林之奇记其实。

◎麻嘉国

麻嘉国，自麻罗拔国西去，陆行八十馀程方到；乃佛麻霞勿所生之处。佛居，用五色玉甃成。每岁遇佛忌辰，大食诸国皆至瞻礼，争持金银珠宝以施，仍用锦绮覆其居。后有佛墓，昼夜常有霞光，人莫能近；过则合眼。若人临命终时，摸取墓上土涂胸，云可乘佛力超生。

◎层拔国

层拔国，在胡茶辣国南海岛中，西接大山。其人民皆大食种落，遵大食教度。缠青番布，蹑红皮鞋，日食饭、面、烧饼、羊肉。乡村山林多障岫层迭，地气暖，无寒。

产象牙、生金、龙涎、黄檀香。每岁胡茶辣国及大食边海等处发船贩易，以白布、甆器、赤铜、红吉贝为货。

◎弼琶罗国

弼琶罗国，有四州，馀皆村落。各以豪强相尚，事天不事佛。土多骆驼、绵羊。以络驼肉并乳及烧饼为常馔。

产龙涎、大象牙及大犀角。象牙有重百馀斤，犀角重十馀斤。亦多木香、苏合香油、没药。玳瑁至厚，他国悉就贩焉。又产物名骆驼鹤，身顶长六、七尺，有翼能飞，但不甚高。兽名徂蜡，状如骆而大如牛，色黄，前脚高五尺、后低三尺，头高向上，皮厚一寸。又有骡子，红白黑三色相间，纹如经带：皆山野之兽，往往骆驼之别种也。国人好猎，时以药箭取之。

◎勿拔国

勿拔国，边海；有陆道可到大食。王紫棠色缠头，衣衫遵大食教度为事。

◎中理国

中理国，人露头跣足，缠布不敢著衫。惟宰相及王之左右，乃著衫、缠头以别。王居用砖甓甃砌，民屋用葵茆苫盖。日食烧面饼、羊乳、骆驼乳。牛、羊、骆驼甚多。大食惟此国出乳香。人多妖术，能变身作禽兽或水族形，惊眩愚俗。番舶转贩，或有怨隙，作法咀之，其船进退不可知；与劝解，方为释放；其国禁之甚严。每岁有飞禽泊郊外，不计其数；日出则绝，不见其影。国人张罗取食之，其味极佳。惟暮春有之，交夏而绝；至来岁复然。国人死，棺殓毕，欲殡，凡远近亲戚慰问，各舞剑而入，啖问孝主死故；若人杀死，我等当刃杀之报仇。孝主答以非人杀之，自系天命，乃投剑恸哭。每岁常有大鱼死飘近岸，身长十馀丈、径高二丈馀。国人不食其肉，惟剖取脑髓及眼睛为油；多者至三百馀镫，和灰修舶船，或用点灯。民之贫者，取其肋骨作屋桁、脊骨作门扇，截其骨节为臼。国有山，与弼琶罗国隔界，周围四千里，大半无人烟。

山出血碣、芦荟，水出玳瑁、龙涎。其龙涎不知所出，忽见成块，或三、五斤，或十斤，瓢泊岸下，土人竞分之。或船在海中，蓦见采得。

◎瓮蛮国

瓮蛮国，人物如勿拔国。地主缠头缴缦，不衣、跣足；奴仆则露首跣足，缴缦蔽体。食烧面饼、羊肉并乳、鱼、菜。

土产千年枣甚多。沿海出真珠。山畜牧马极蕃蔗。他国贸贩，惟买马与真珠及千年枣，用丁香、豆蔻、脑子等为货。

◎记施国

记施国，在海屿中，望见大食，半日可到。管州不多。王出入，骑马、张皂伞，从者百馀人。国人白净，身长八尺，披发打缠；缠长八尺，半缠于头、半垂于背。衣番衫、缴缦布，蹑红皮鞋。用金、银钱。食面饼、羊、鱼、千年枣，不食米饭。

土产真珠、好马。大食岁遣骆驼负蔷薇水、栀子花、水银、白铜、生银、朱砂、紫草、细布等下船至本国，贩于他国。

◎白达国

白达国，系大食诸国之一都会。自麻罗拔国约陆行一百三十馀程，过五十馀州乃到。国极强大，军马、器甲甚盛。王乃佛麻霞勿直下子孙，相袭传位，至今二十九代，经六、七百年。大食诸国或用兵相侵，皆不敢犯其境。王出，张皂盖，金柄；其顶有玉狮子；背负一大金月，闪耀如星，虽远可见。城市衢陌民居豪侈，多宝物、珍段，少米、鱼、菜。人食饼肉、酥酪。产金银碾花、上等琉璃、白越诺布、苏合油。国人相尚以好雪布缠头，及为衣服。七日一次削发、剪爪甲，一日五次礼拜天，遵大食教度。以佛之子孙，故诸国归敬焉。

◎弼斯罗国

弼斯罗国，地主出入，骑从千馀人，尽带铁甲；将官带连环锁子甲。听白达节制。人食烧面饼、羊肉。天时寒暑稍正，但无朔望。

产骆驼、绵羊、千年枣；每岁记施、瓮蛮国常至其国般贩。

◎吉慈尼国

吉慈尼国，自麻罗拔国约一百二十程可到；地近西北，极寒，冬雪至春不消。国有大山围绕，凿山为城，方二百馀里，外环以水。有礼拜堂二百馀，官民皆越堂礼拜，谓之厨或作除忏。民多豪富，居楼阁，至有五、七层者。多畜牧骒马。人食饼、肉、奶酪、小鱼、米。或欲饮饭，以牛潼拌水饮之。王手臂过膝；有战马百匹，各高六尺馀；骒数十匹，亦高三尺，出则更迭乘之。所射弓数石，五、七人力不能挽；马上使铁锤，重五十馀斤。大食及西天诸国皆畏焉。

土产金、银、越诺布、金丝绵、五色骒毛段、碾花、琉璃、苏合油、无名异、摩娑石。

◎勿厮离国

勿厮离国，其地多石山，秋露沆瀣，日晒即凝，状如糖霜；采而食之，清凉甘腴，盖真甘露也。山有天生树，一岁生栗，名蒲芦；次岁生没石子。地产火浣布、珊瑚。

◎芦眉国

芦眉国，自麻罗拔西陆行三百馀程始到，亦名眉路骨国。其城屈曲七重，用黑光大石甃就；每城相去千步，有番塔三百馀。内一塔高八十丈，容四马并驱而上，内有三百六十房。人皆缠头拓顶，以色毛段为衣，以肉面为食，以金、银为钱。有四万户织锦为业。

地产绞绡、金字越诺布、间金间丝织锦绮、摩娑石、无名异、蔷薇水、栀子花、苏合油、鹏砂及上等碾花、琉璃。人家好畜驼、马、犬。

◎木兰皮国

木兰皮国，大食国西有巨海，海之西有国，不可胜数；大食巨舰所可至者，木兰皮国尔。自大食之驰盘地国发舟，正西涉海百馀日方至其国。一舟可容数千人，舟中有酒食肆、机杼之属；言舟之大者，莫木兰皮若也。国之所产极异，麦粒长三寸。瓜围六尺，可食二、三十人。榴重五斤，桃重二斤，香圆重二十馀斤；莴苣菜每茎可重十馀斤，其叶长三、四尺。米、麦开地窖藏之，数十年不坏。产胡羊，高数尺，尾大如扇。春剖腹取脂数十斤，再缝合而活；不取，则发臁胀死。陆行二百程，日晷长三时。秋月西风忽起，人兽速就水饮乃生，稍迟则渴死。

◎勿斯里国

勿斯里国，属白达国节制。国王白晰，打缠头，著番衫，穿皂靴。出入乘马。前有看马三百匹，鞍辔尽饰以金宝。有虎十头，縻以铁索。伏虎者百人，弄铁索者五十人，持擂棒者一百人，臂鹰者三十人。又千骑围护，有亲奴三百，各带甲持剑；二人持御器械导王前。其后有百骑鸣鼓，仪从甚都。国人惟食饼肉，不食饭。其国多旱；管下一十六州，周回六十馀程，有雨则人民耕种反为之漂坏。有江水极清甘，莫知水源所出。岁旱，诸国江水皆消减，惟此水如常；田畴充足，农民藉以耕种。岁率如此，人至有七、八十岁不识雨者。旧传蒲罗吽第三代孙名十宿，曾据此国；为其无雨，恐有旱乾之患，遂于近江择地置三百六十乡村，村皆种麦，递年供国人日食，每村供一日，三百六十村可足一年之食。又有州名慈野，傍近此江；两年或三年必有一老人自江水中出，头发黑短、须鬂皓白，坐于水中石上，惟现半身，掬水洗面剔甲。国人见之，知其为异，近前拜问今岁人民吉凶。如其人不语若笑，则其年丰稔，民无札瘥；若蹙额，则是年或次年必有凶歉、疾疫。坐良久，复没不见。江中有水骆驼、水马、时登岸啮草，见人则没入水。

◎遏根陀国

遏根陀国，勿斯里之属也。相传古人异人徂葛尼于濒海建大塔，下凿地为两屋，砖结甚密；一窖粮食，一储器械。塔高二百丈，可通四马齐驱而上，至三分之二。塔心开大井，结渠透大江，以防他国，兵侵则举国据塔以拒敌。上下可容二万人，内居守而外出战。其顶上有镜极大，他国或有兵船侵犯，镜先照见，即预备守御之计。近来为外国人投塔下执役扫洒数年，人不疑之；忽一日，得便盗镜抛沉海中而去。

◎默伽腊国

默伽腊国，王逐日诵经拜天，打缠头，着毛段番衫，穿红皮鞋。教度与大食国一同。王每出入乘马，以大食佛经用一函乘在骆驼背前行。管下五百余州，各有城市。有兵百万，出入则皆乘马。人民食饼肉，有麦无米，牛羊骆驼果实之属甚多。海水深二十丈，产珊瑚树。

◎乳香

乳香，一名熏陆香；出大食之麻罗拔、施曷、奴发三国深山穷谷中。其树大概类榕，以斧砍株，脂溢于外；结而成香，聚而成块。以象辇之至于大食，大食以舟载易他货于三佛齐。故香常聚于三佛齐。番商贸易至，舶司视香之多少为殿最。而香之为品十有三。其上者为拣香，圆大如指头，俗所谓滴乳是也。次曰瓶乳，其色亚于拣香。又次曰瓶香，言收时贵重之，置于瓶中。瓶香之中，又有上、中、下三等之别。又次曰袋香，言收时止置袋中。其品亦有三，如瓶香焉。又次曰乳榻。盖香之杂于砂石者也。又次曰黑榻。盖香色之黑者也。又次曰水湿黑榻。盖香在舟中为水所浸渍而气变、色败者也。品杂而碎者曰斫削、簸扬为尘者曰缠末，皆乳香之别也。

◎没药

没药，出大食麻罗抹国。其树高大如中国之松，皮厚一、二寸。采时先掘树下为坎，用斧伐其皮，脂溢于坎中；旬馀方取之。

◎血碣

血碣，亦出大食国。其树略与没药同，但叶差大耳。采取亦如之。有莹如镜面者，乃树老脂自流溢，不犯斧凿；此为上品。其夹插柴屑香，乃降真香之脂，俗号假血碣。

◎金颜香

金颜香，正出真腊，大食次之。所谓三佛齐有此香者，特自大食贩运至三佛齐，而商人又自三佛齐转贩入中国耳。其香乃木之脂，有淡黄色者、有黑色者；拗开雪白为佳，有砂石为下。其气劲工于聚众香。今之为龙涎软香佩带者多用之。番人亦以和香而涂其身。

◎苏合香油

苏合香油，出大食国。气味大抵类笃耨，以浓而无滓为上。番人多用以涂身，闽人患大风者亦仿之；可合软香及入医用。

◎栀子花

栀子花，出大食哑巴闲、罗施美二国。状如中国之红花，其色浅紫，其香清越，而有酲藉。土人采花晒乾，藏之琉璃瓶中。花赤希有，即佛书所谓「檐卜」是也。

◎蔷薇水

蔷薇水，大食国花露也。五代时，番使蒲訶散以十五瓶效贡，厥后罕有至者。今多采花浸水，蒸取其液以代焉。其水多伪杂，以琉璃瓶试之，翻摇数四，其泡周上下者为真。其花与中国蔷薇不同。

◎沉香

沉香所出非一，真腊为上，占城次之，三佛齐、阇婆等为下。

俗分诸国为上下岸，以真腊、占城为上岸，大食、三佛齐、阇婆为下岸。香之大概生结者为上，熟脱者次之；坚黑者为上，黄者次之。然诸沉之形多异，而名亦不一。有如犀角者，谓之西角沉；如燕口者，谓之燕口沉；如附子者，谓之附子沉；如梭者，谓之梭沉；文坚而理致者，谓之横隔沉。大抵以所产气味为高下，不以形体为优劣。世谓渤泥亦产；非也。一说：其香生结成，以刀修出者为生结沉；自然脱落者，为熟沉。产于下岸者，谓之番沉。气硬味辣而烈，能治冷气，故亦谓之药沉。海南亦产沉香，其气清而长，谓之蓬莱沉。

◎没石子

没石子，出大食勿厮离。其树如樟，岁一开花结实，如中国之茅栗，名曰沙没律，亦名蒲芦；可采食之。次年再生，名曰麻茶。麻茶，没子石也。明年，又生沙没律。间岁方生，没石子所以贵售；一根而异产，亦可怪也。

◎木香

木香，出大食，麻罗抹国、施曷、奴发亦有之。树如中国丝瓜。冬月取其根，锉长一、二寸晒乾，以状如鸡骨者为上。

◎阿魏

阿魏，出大食木俱兰国。其树不甚高大，脂多流溢。土人以绳束其梢，去其尾，纳以竹筒，脂满其中；冬月破筒取脂，以皮袋收之。或曰其脂最毒，人不敢近。每采魏时，系羊于树下，自远射之，脂之毒著于羊；羊毙，即以羊之腐为阿魏。未知孰是？姑两存之。

◎芦荟

芦荟，出大食奴发国；草属也。其状如鲎尾，土人采而以玉器捣研之，熬而成膏，置诸皮袋中，名曰芦荟。

◎珊瑚树

珊瑚树，出大食毗喏耶国。树生于海之至深处。初生色白，渐渐长苗拆甲，历一岁许，色间变黄；支格交错，高极三、四尺，大者围尺。土人以丝绳系五爪铁猫儿，用乌铅为坠，抛掷海中发其根，以索系于舟上绞车搭起；不能常有，蓦得一枝，肌理敷腻，见风则乾硬，变为乾红色。以最高者为贵。若失时不举，则致蠹败。

◎琉璃

琉璃，出大食诸国。烧炼之法，与中国同。其法，用铅硝、石膏烧成。大食则添入南鹏砂，故滋润不烈，最耐寒暑，宿水不坏；以此贵重于中国。

◎珠子

真珠，出大食国之海岛上，又出西难、监篦二国；广西、湖北有亦之，但不若大食、监篦之明净耳。每采珠用船三、四十只，船数十人。其采珠人，以麻绳系身、以黄蜡塞耳鼻，入水约二、三十余丈；绳缠于船上，绳摇动则引而上。先煮羹衲极热，出水则急覆之；不然，寒栗致死。或遇大鱼、蛟鳌诸海怪，髻鬣所触，往往溃腹折支；人见血一缕浮水面，则知已葬鱼腹。尝有采珠者，绳动而引之不上；众极力举之，足已为蛟鼍所断矣。所采者曰珠母；番有官监视，随其所采籍其名，掘地为坎，置诸坎中。月馀，珠母壳腐，取珠淘净，与采珠者均之。珠大率以圆洁明净者为上；圆者置诸盘中，终日不停。番商多置夹襦内及伞柄中，规免抽解。

◎象牙

象牙，出大食诸国及真腊、占城二国；以大食者为上，真腊、占城者为下。大食诸国，惟麻罗抹最多。象生于深山穷谷中，时出野外躁践，人莫敢近。猎者用神劲弓以药箭射之，象负箭而遁，未及一、二里许，药发即毙。腊者随毙取其牙、埋诸土中。积至十馀株，方搬至大食，以舟运载与三佛齐、日罗亭交易。大者重五十斤至百斤；其株端直、其色洁白、其纹细篦者，大食出也。真腊、占城所产，株小色红，重不过十数斤至二、三十斤。又有牙尖，止可作小香迭用。或曰象媒诱致，恐此乃驯象也。

◎腽肭脐

腽肭脐，出大食伽力吉国。其形如猬，脚高如犬；其色或红或黑。其走如飞。腊者张网于海滨捕之，取其肾而渍以油，名腽肭脐。番惟渤泥最多。

◎龙涎

龙涎，大食西海多龙，枕石一睡，涎沫浮水，积而能坚；鲛人采之，以为至宝。新者色白，稍久则紫，甚久则黑；不熏不莸，似浮石而轻也。人云龙涎有异香，或云龙涎气腥，能发众香，皆非也。龙涎于香，本无损益；但能聚烟耳。和香而真用龙涎焚之，一缕翠烟浮空，结而不散，座客可用一剪分烟缕。此其所以然者，蜃气楼台之馀烈也。

按语：《诸藩志》的作者是赵汝适，南宋宗室，宋宁宗嘉定（1208—1224年）末至宋理宗宝庆（1225—1227年）初，任泉州市舶司提举时于"暇日阅诸蕃图"并"询诸贾胡，俾列其国名，道其风土与夫道理之联属，山择之蓄产，译以华言"。《诸藩志》成书于宋理宗宝庆元年（公元1225年），分上、下两卷，上卷志国，下卷志物，记载了东自日本、西至东非索马里、北非摩洛哥、地中海东岸诸国的风土物产和自中国沿海至海外各国的航线里程及所达航期。该书内容丰富，其中有关海外诸国风土人情，多采自周去非《岭外代答》，有些资料得自向海外商人的调查，其中虽有讹误之处，仍不失为研究宋代海上交通和对外关系的重要文献。对研究中国伊斯兰教史、回族史及中国与阿拉伯地区的关系史均有一定价值。该书原本已佚，今本从《永乐大典》中辑出。

《诸蕃志》中所涉阿拉伯国家和地区有：麻罗抹（即今阿曼米尔巴特）、施曷（即今阿拉伯半岛哈达拉毛海岸）、奴发（即今阿曼佐法尔）、哑四包闲（即今伊朗伊斯法罕）、罗施美（在今阿姆河下游之基发 Khiva）、木俱兰（即今巴基斯坦莫克兰）、伽力吉（Kalhat 之对音，原为阿拉伯大城，后毁于地震）、毗喏耶（即今马格里布地区）、伊禄（即今伊拉克）、白达（即今伊拉克巴格达）、思莲（伊朗法尔斯省沿海塔黑里一带，一说在法尔斯省设拉子）、白莲（即今巴林）、积吉（即今伊朗马什哈德）、甘眉（即今伊朗霍尔木兹）、蒲花罗（即今乌兹别克斯坦布哈拉）、层拔（即今坦桑尼亚桑给巴尔一带）、弼琶罗（即今索马里沿岸）、勿拔（即今阿曼米尔巴特）、中理（所指不详）、瓮蛮（即今阿曼）、记施（为波斯湾东岸小岛 Kish）、麻嘉（即今沙特阿拉伯麦加）、弼斯罗（即今伊拉克巴士拉）、吉慈尼（即伽色尼王朝）、勿厮离（即今伊拉克摩苏尔）、木兰皮（即位于西北非和西班牙南部的穆拉比特王朝）、勿斯里（即今埃及）、遏根陀（即今埃及亚历山大）、默伽腊（即今摩洛哥）等。①

所记阿拉伯诸国物产有：乳香、没药、血碣、金颜香、苏合香油、栀子花、蔷薇水、沉香、没石子、木香、阿魏、芦荟、珊瑚树、琉璃、珠子、象牙、腽肭脐、龙涎，等等。

---

① 本段地名之考证主要参考冯承钧先生的《诸蕃志校注》。

五、元代汪大渊《岛夷志略》对阿拉伯的记载

◎波斯离

境与西夏联属，地方五千余里。关市之间，民比居如鱼鳞。田宜麦、禾。天气常冷。风俗侈丽。男女长身编发，穿驼褐毛衫，以软锦为茵褥。烧羊为食，煮海为盐。有酋长。地产琥珀、软锦、驼毛、腽肭脐、没药、万年枣。贸易之货，用毡毯、五色鞋、云南叶金、白银、倭铁、大风子、牙梳、铁器、达剌斯离香之属。

◎阿思里

极西南达国里之地，无山林之限，风起则飞沙扑面，人不敢行。居人编竹以蔽之。天气热，半年之间多不见雨，掘井而饮，深至二三百丈，味甘而美。其地防原，宜种麦，或潮水至原下，则其地土润，麦苗自秀。俗恶。男女编发，以牛毛为绳，接发梢至齐膝为奇。以鸟羽为衣。捣麦做饼为食。民不善煮海为盐。地产大绵布、小布匹。贸易之货，用银、铁器、青烧珠之属。

◎哩伽塔

国居辽西之界，乃国王海之滨。田瘠，宜种黍。民叠板石为居，掘地丈有余深，以躲种子，虽三载亦不朽也。天气秋热而夏凉。俗尚朴。男女瘦长，其形古怪，发长二寸而不见长。穿布桶衣，系皂布梢。煮海为盐，酿黍为酒，以牛乳为食。地产青琅玕、珊瑚树，其树或长一丈有余，或七八尺许，围一尺有余。秋冬民间皆用船采取，以横木系破网及纱线于其上，仍以索缚木两头，人于船上牵以拖之，则其树槎牙，挂挽而上。贸易之货，用金、银、五色鞋、巫仑布之属。

◎天堂

地多旷漠，即古筠冲之地，又名为西域。风景融和，四时之春也。田沃稻饶，居民乐业。云南有路可通，一年之上可至其地。西洋亦有路通，名为天堂。有回回历，与中国授时历前后只争三日，其选日永无差异。气候暖。风俗好善。男女辫发，穿细布长衫，系细布梢。地产西马，高八尺许。人多以马乳拌饭为食，则人肥美。贸易之货，用银、五色鞋、青白花器、铁鼎之属。

◎麻呵斯离

往大食国八千余里，与鲸板奴国相近。由海通溪，约二百余里，石道坎坷，至官场三百余里。地平如席。天气应节。风俗鄙俭。男女编发，眼如铜铃。穿长衫。煮海为盐，酿老叶为酒。有酋长。地产青盐、马乳葡萄、米、麦。其麦粒长半寸许。甘露每岁八玄月下，民间筑净池以盛之，朝阳曝则融结如冰，味甚糖霜。仍以瓷器贮之，调汤而饮，以辟瘴疠。古云甘露王如来，即其地也。贸易之货，用剌速斯离布、紫金、白铜、青琅玕、阇婆布之属。

按语：《岛夷志略》，原作《岛夷志》，元代民间航海家汪大渊所著记述海外诸国见闻的著作。共一卷，一百余篇纪略，涉及东西两洋周边两百多个国家和地区，是研究古代亚非等地区历史地理的重要著作。内容翔实，记述准确。《四库全书总目》有云："诸史外国列传秉笔之人，皆未尝身历其地，即赵汝适《诸蕃志》之类，亦多得于市舶之口传。大渊此书，则皆亲历而手记之，究非空谈无征者比。"其书上承宋代周去非《岭外代答》、赵汝适《诸蕃志》，下接明代马欢《瀛涯胜览》、费信《星搓胜览》等书，对明清两代的历史地理著作产生巨大影响。

《岛夷志略》中所涉阿拉伯国家和地区有：波斯离（伊拉克巴士

拉）、阿思里（埃及东部红海沿岸古赛尔）、天堂（沙特麦加）、麻呵斯离（伊拉克摩苏尔）、哩伽塔（一般认为是也门亚丁）等。

六、元代周致中《异域志》对阿拉伯的记载

◎大食弼琶罗国

有州四座，无国主，唯王豪更互主事。如婚嫁，取有孕牛尾为信，候牛生犊时，始还。娶妻须要男家割阳物曰人尾来，以为聘礼，女家还元割牛尾期信，女家得之甚喜，以鼓乐迎之。地产骆驼鹤，长六七尺，有翼能飞，食杂物，或烧赤热铜铁与之食，生卵如椰子，破之如瓷瓮有声。国人好猎，日射兽而食。

◎大食勿拔国

其国边海，天气暖甚，出乳香树，逐日用刀斫树皮取乳。每年春末有飞禽白天而降，如白丝鹑，肥而味佳。有大鱼高二丈余，长十丈余，人不敢食，刳膏为油，肋可作屋桁，脊骨可作门扇，骨节为春白。又有龙涎成块泊岸，人竞取为货卖。

◎大食无斯离国

出甘露，秋露降，暴之成糖霜，食之甘美。山有天生粟子，名蒲芦，可采食。次年复生，名麻茶泽；三年再生，名没石子。产麦、桃、榴等物，地窖之物数十年不坏。

◎白达国

国王乃佛麻霞勿之子孙。诸国用兵，不敢侵犯。豪民多珍宝，食酥酪饼肉，少鱼菜，产金、银、玻璃等物。人以雪布缠头上，即回鹘之类。

◎麻离拔国

其国产异香、龙涎、珍珠、玻璃、犀角、象牙、珊瑚、木香、没药、血竭、阿魏、苏合香、没石子等货，皆大食国至此传易，官豪以金绵桃花帛缠头，以金银为钱交易，常为番商。

◎麻嘉国

其国是土神麻霞勿出世处，称神为佛，庙后有神墓，日夜常有光，人不敢近，皆合眼而走过也。

◎默伽腊国

其国出珊瑚，人用绳缚十字木，以石沉水中，棹船拖索而取，谓铁网取珊瑚。

◎大食国

在海西南山谷间有树，枝上生花如人首，不解语，人借问，惟笑而已，频笑辄落。大食，诸国之总名，有国千余，其属甚多。

◎默伽国

古系荒郊，无人烟，因大食国祖师蒲罗吽娶妻，在荒野生一子，无水可洗，弃之地下。其子以脚擦地，涌出一泉，甚清彻，此子立名司麻烟，砌成大井，逢旱不干，泛海遇风波，以此水洒之即止。

按语：《异域志》是元末明初人周致中撰著的一部舆地书，书中著录了 200 多个国家和民族，所记范围东起朝鲜、日本，西到欧洲、非洲，北起俄罗斯，南达东南亚、南亚诸国，记载的地域之广在明代以前的同类著作中是很少见的。尽管因为作者不谙地理，又未对所引史料加以考证，书中存在谬误之处。① 但《异域志》内容十分丰富，所载时间又跨越元一代以及明初时期，故其书对研究当时中国人的世界观、民族观、对外贸易、文化交流等仍具有重要价值。

《异域志》中所涉的阿拉伯国家和地区有：弼琶罗国（即今索马里沿岸）、勿拔国（即今阿曼米尔巴特）、无斯离国（即今伊拉克摩苏尔）、白达国（即今伊拉克巴格达）、麻嘉国（即今沙特阿拉伯麦加）、默伽腊国（即今摩洛哥）等。

七、明代巩珍《西洋番国志》对阿拉伯的记载

◎祖法儿国

祖法儿国，自古里国开舡投西北行，十昼夜可到。国边海倚山，无城郭。东南大海，西北重山。王及国人皆奉回回教门。人体长大，貌壮语朴。王者以白细布缠头，身着青花长衣，细丝嵌圆领，或金锦衣袍，足着番靴，或皮为鞋。出入乘轿骑马，前后摆列象驼马队牌手，吹筚篥、锁纳，拥从而行。民下亦缠头衣长衣，着靴或鞋。如遇礼拜日，上半日市绝交易。男子长幼皆沐浴，以蔷薇露或沉香油涂擦体面，始着新洁衣服。又以小土炉焚沉檀、俺八儿等香，跨其上以薰体。如到礼拜寺礼拜及散经过街市，二香气顿饭不散。其婚丧之礼悉教门。

土产乳香，其香乃树脂。树似榆而叶尖长，斫树取香而卖。中国宝舡到，开读诏书并赏赐劳，王即遣头目偏谕国人，皆以乳香、血竭、芦荟、没药、安息香、苏合油、木别子之类来易纻丝磁器等

---

① 　如"麻嘉国"和"默伽国"均指今沙特阿拉伯麦加，但书中却分列两条。

物。此处气候常如八九月，不热不冷。米、麦、豆、粟、稷、黍、麻、谷及诺蔬菜瓜、茄、牛、马、驴、猫、犬、鸡、鸭皆有。山中亦出驼鸡，土人捕卖之。驼鸡身躯颈长，足有二指，其毛如骆驼，行亦如驼状，故以驼鸡名，食米豆等物。其地出骆驼，有单峰双峰者，国人皆骑坐，亦杀卖其肉。

王以金铸钱，名倘加。每钱官秤重二钱，径一寸五分，一面有纹，一面为人形。又以红铜铸小钱径四分零用。王亦遣人斋乳香驼鸡等物表进中国。

◎阿丹国

阿丹国，自古里国开舡，投正西兑位行，一月可到。其国边海了，去山远。王与国人皆奉回回教门，说阿剌必语。国富民饶，人性强硬，有马步锐兵七八千，邻邦畏之。永乐十九年，上命太监李充正使，斋诏敕往谕旨。李□到苏门答剌国，令内官周□□□等驾宝舡三只往彼。王闻即率大小头目至海滨迎入，礼甚敬谨。开诏毕仍赐王衣冠。王即谕其国人，凡有宝物俱许出卖。此国买到猫精一块重二钱许，并大颗珍珠各色鸦鹘等石，珊瑚树高二尺者数株，枝柯为珠者五柜，及金珀、蔷薇露、麒麟、狮子、花福鹿、金钱豹、驼鸡、白鸠之类。

国王头戴金冠，身服黄袍，腰系宝装金带。至礼拜日，亦以细白番布缠头，上加金锦为顶，身服白袍，坐车列队而行。其头目冠服各有等第。国人男亦缠头，服撒哈喇梭幅，锦绣纻丝细布等衣，足着靴鞋。妇人亦服长衣，眉顶佩珍珠宝石璎珞，如中国所饰观音状。耳带金厢宝环四判，臂演金宝钏镯，足指亦带环。又用丝嵌手巾盖头，只露其面。

凡国人打造金银入细生活，绝胜天下。市肆熟良彩帛书籍诸色物件，铺店并混堂皆有。王用亦金铸钱名甫噜嚓行使，每钱官秤重一钱，底面有纹。又用红铜 铸钱名甫噜斯零用。气候温和如八九月，月日之定无闰月，但以十二月为一年。月之大小但以今夜见新月，明日即月一也。四季不定，自有阴阳人推算，某日为春首则花草开荣，某日是初秋则木叶凋脱。至于日月交蚀风雨潮信无不准。

人之饮食米面诸品皆以乳酪油糖蜜制造。米麦谷粟麻豆并蔬菜俱有。果有松子、核桃、花红、石榴、桃仁、把丹、干蒲萄、万年枣之类。畜有象、驼、驴、骡、牛、羊、鸡、鸭、犬、猫，只无猪及鹅。其绵羊则白毛无角，于出角处有两黑点，颈下有胡如黄牛，毛短如狗，尾大如盘。及出花福鹿、青花白驼鸡、麒麟、狮子。其福鹿状如骡，白身白面，眉眉起细细青条花缜身及蹄间道如画。青花白驼鸡状与福鹿同。麒麟前足高八九尺余，后足高六尺，褊口长颈，举头高一丈六尺，前仰后俯，不可骑乘，两耳边有短肉角，牛尾鹿身，蹄有三跲，食粟豆面饼。狮子形如虎，黑黄无斑纹，头大口阔，尾有毛黑长如缨，声吼如雷，诸兽望见辄伏不敢动。及产紫檀木、蔷薇露、檐葡花并无核白蒲萄。

其人居屋皆砌以石，上盖以砖或土。有石砌三层，高四五丈者。

国王感慕圣朝恩德，常修金叶表文。进金厢宝带一条，窟嵌珍珠宝石金冠一顶，并鸦鹘等各宝石蛇角等物进贡。

◎天方国

天方国，即默加国也。自古里国开舡望西南申位行三月始到其国，地名秩沓，有大头目守之。自秩沓往西行一日到王城。彼人云，昔者西方圣人始于此处阐扬回回教法，至今国人悉遵教门规矩。其国人体貌壮伟，紫糖色。男子缠头长衣浅鞋，妇人盖头，卒不能见其面。话说阿剌必言语。国法禁酒。风俗和美，人少犯法，无贫难之家。其婚丧礼皆回回教门。

再行半日到天堂礼拜寺，堂番名恺阿白，其周如城。有四百六十六门，两傍以白玉石为柱，共四百六十七柱。其在前者九十九，后一百单一，左一百三十二，右一百三十五。堂制如此。皆以五色石辏为方而顶平，内以沉香木为梁，以黄金为承漏。墙壁皆蔷薇露、龙涎香和土为之，上用皂纻丝为罩，畜二黑狮子守堂门。每年十二月十日，诸番回回行一二年远路者到寺礼拜。及去，往往割皂盖少许为记。剜割既尽，王复易以新罩，岁以为常。堂近有司马仪圣人之墓在焉。其坟冢用绿撒不泥宝石为之，长一丈二尺，高三尺，阔五尺。四围墙垣皆以泔黄玉砌垒，高五六尺余。墙内四隅造四塔，每礼拜即登塔叫礼。左右两傍有各祖师传法之堂，其堂亦以石砌造，皆极华丽。

其处气候常热如炎夏，并无雨电霜雪。夜露甚重，置碗露中，及旦可得水三分。凡草皆露滋养。土产米谷少，皆种粟麦及黑黍。有瓜菜。其西瓜甜瓜有以二人异者。果有葡萄、万年枣，并石榴、花红、梨、桃，皆有大种四五斤者。亦有似棉花树，如中国大桑树，高一二丈，其花一年二收。牲畜有驼、马、驴、骡、牛、羊、猫、犬、鸡、鹅、鸭、鸽。其鸡鸭有重十斤以上者。土产蔷薇露、俺八儿香，麒麟、狮子、驼鸡、羚羊，并各色宝石、珍珠、珊瑚、琥珀等宝。王以赤金铸钱名倘加行使，每钱官寸径七分，官秤重一钱。其金比中国足十二成。

又往西行一日到一城，番名蓦底纳。城中马哈麻圣人陵寝在焉。至今墓上发毫光，日夜侵云而起。墓后有井，番名阿必糁糁，味清甘。番人往往取水置舡中，遇风飓作，以水洒之，风浪顿息。

170

宣德五年，钦奉朝命开诏，遍谕西海诸番，太监洪保分舵到古里国。适默伽国有使人来，因择通事等七人同往，去回一年。买到各色奇货异宝及麒麟、狮子、驼鸡等物，并画天堂图回京奏之。其国王亦采方物，遣使随七人者进贡中国。

按语：《西洋番国志》是记载郑和下西洋的较早文献之一。其作者为巩珍，号养素生，明朝应天府人，士兵出身，后升为幕僚。明宣德六年（公元 1431 年）至宣德八年（公元 1433 年）被提拔为总制之幕（相当于秘书），随郑和下西洋。该书成于明宣德九年（公元 1434 年），记述明宣德八年（公元 1433 年）郑和第七次下西洋的经过。书中记录了郑和船队经过的 20 多个国家，还收录了明永乐十八年、十九年及宣德五年的三通敕书。该书是研究郑和下西洋的重要原始文献。

《西洋番国志》中所涉阿拉伯国家和地区有：祖法儿（阿曼佐法尔）、阿丹（也门亚丁）、天方（沙特麦加）、蓦底纳（沙特麦地那）等。

八、明代马欢《瀛涯胜览》对阿拉伯的记载

◎祖法儿国

自古里国开船投西北，好风行十昼夜可到。其国边海倚山，无城郭，东南大海，西北重山。国王、国人皆奉回回教门。人体长大，貌丰伟语言朴实。王者之绊，以白细番布缠头，身穿青花如大指大细丝嵌盖头，或金锦衣袍，足穿番靴，或浅面皮鞋。出入乘轿或骑马，前后摆列象驼、马队，刀牌手，吹筚篥锁，簇拥而行。民下所服衣冠，缠头长衣脚穿靴鞋。如遇礼拜日，上半日市绝交易，

男女长幼皆沐浴，既毕，即将蔷薇露或沉香并抽搽面并四体，俱穿齐整新净衣服。又以小土炉烧沈檀俺八儿等香，立于炉上，熏其衣体，才往礼拜寺。拜毕方回，经过街市，半晌熏香不绝。婚丧之礼，素遵回回教规而行。

土产乳香，其香乃树脂也。其树似榆，而叶尖长。彼人每砍树取香而卖。中国宝船到彼，开读赏赐毕，其王差头目遍谕国人，皆将乳香、血竭、芦荟、没药、安息香、苏合油、木别子之类，来换易纻丝、磁器等物。此处气候，常如八九月，不冷。米麦豆粟黍稷麻谷，及诸般蔬菜、瓜茄、牛、羊、马、驴、猫、犬、鸡、鸭之类，亦皆不缺。山中亦有驼鸡，土人间亦捕获来卖。其鸡身匾颈长，其状如鹤，脚高三四尺，每脚止有二指。毛如骆驼，食绿豆等物，行似骆驼，因此名驼鸡。其骆驼则有单峰者，有只峰者，人皆骑坐以适街市。将死，则杀之卖其肉。

其王铸金钱名倘伽，每个重官秤二钱，径一寸五分，一面有纹，一面人形之纹。又以红铜铸为小钱，约重三厘，径四分，零用。其国王于钦差使者回日，亦差其头目将乳香驼鸡等物，跟随宝船以进贡于朝廷焉。

◎阿丹国

自古里国开船，投正西兑位，好风行一月可到。其国边海，离山远。国富民饶，国王、国人皆奉回回教门，说阿剌壁言语。人性强梗，有马步锐兵七八千，所以国势威重，邻邦畏之。永乐十九年，钦命正使太监李等，赍诏勅衣冠赐其王酋，到苏门答剌国，分内官周领驾宝船数只到彼。王闻其至，即率大小头目至海滨迎接诏敕赏赐，至王府行礼甚恭谨感伏，开读毕，国王即谕其国人，但有珍宝许令卖易。在彼买得重二钱许大块猫睛石，各色雅姑等异宝，大颗珍珠，珊瑚树高二尺者数株，又买得珊瑚枝五柜、金珀、蔷薇露、麒麟、狮子、花福鹿、金钱豹、驼鸡、白鸠之类而还。

国王之绊，头戴金冠，身穿黄袍，腰系宝妆金带。至礼拜日赴寺礼拜，则换细白番布缠头，上加金锦之顶，身穿白袍，坐车列队而行。其头目冠服各有等第不同。国人穿绊，男子缠头，穿撒哈喇梭幅、锦绣纻丝等衣，足着靴鞋。妇人之绊，身穿长衣，肩项佩宝石、珍珠、缨络，如观音之绊，耳带金厢宝环四对，臂缠金宝钏镯，足指亦带指环。又用丝嵌手巾盖于顶上，止露其面。

凡国人打造钑细金银首饰等项生活，甚精妙，绝胜天下。又有市肆、混堂，并熟食、丝帛、书籍、诸色什物铺店皆有。王用赤金铸钱行使，名甫噜嗦，每个重官秤一钱，底面有纹。又用红铜铸钱，名甫噜斯，零使。

其地气候温和，常如八九月。日月之定无闰月，惟以十二个月为一年。月无大小，若头夜见新月，明日即月首也。四季不定，自有阴阳人推算，如以某日为春首，后果然花草开荣。某日是初秋，果然木叶凋落。及于日月交食、潮信早晚，并风雨寒暖，无不准验。

人之饮食，米粉麦面诸品皆有，多以乳酪、酥油、糖蜜制造而食。米、粟、豆、谷、大小二麦、芝麻并诸色蔬菜俱有，果子有万年枣、松子、把担、干葡萄、核桃、花红、石榴、桃、杏之类。象、驼、驴、骡、牛、羊、鸡、鸭、猫、犬皆有，止无猪鹅。棉羊白毛无角，头上有黑毛二团，如中国童子顶搭。其颈下如牛袋一般，其毛短如狗，其尾大如盘。

民居房屋皆以石砌，上以砖盖，或土盖。有石砌三层，高四五丈。亦有用木起架为楼居者，其木皆土产紫檀木为之。

其地土所产草木，又有蔷薇露、檐卜花、无核白葡萄，并花福鹿、青花白驼鸡、大尾无角棉羊。其福鹿如骡子样，白身白面，眉心隐隐起细细青条花，起满身至四蹄，细条如间道如画。青花白驼鸡亦有青花，如福鹿一般。麒麟前二足高九尺余，后两足约高六尺，头抬颈长一丈六尺。首昂后低，人莫能骑。头上有两肉角，在耳边，牛尾鹿身蹄有三跲，匾口，食粟、豆、面饼。其狮子身形似虎，黑黄无斑，头大口阔，尾尖毛多，黑长如缨。声吼如雷，诸兽见之，伏不敢起，乃兽中之王也。

其国王感荷圣恩，特造金厢宝带二条，窟嵌珍珠宝石金冠一顶，并雅姑等各样宝石地角二枚，金叶表文，进贡中国。

◎天方国

此国即默伽国也。自古里国开船，投西南申位，船行三个月方到本国马头，番名秩达。有大头目主守。自秩达往西行一日，到王居之城，名默伽国。奉回回教门，圣人始于此国阐扬教法，至今国人悉遵教规行事，纤毫不敢违犯。其国人物魁伟，体貌紫膛色。男子缠头，穿长衣，足着皮鞋。妇人俱戴盖头，莫能见其面。说阿剌毕言语。国法禁酒。民风和美，无贫难之家。悉遵教规，犯法者少，诚为极乐之界。婚丧之礼皆依教门体例而行。

自此再行大半日之程，到天堂礼拜寺，其堂番名恺阿白。外周垣城，其城有四百六十六门，门之两傍皆用白玉石为柱，其柱共有四百六十七个，前九十九个，后一百一个，左边一百三十二个，右边一百三十五个。其堂以五色石迭砌，四方平顶样。内用沉香大木五条为梁，以黄金为阁。满堂内墙壁皆是蔷薇露龙涎香和土为之，馨香不绝。上用皂纻丝为罩罩之。蓄二黑狮子守其门。每年至十二月十日，各番回回人，甚至一二年远路的，也到堂内礼拜，皆将所罩纻丝割取一块为记验而去。剜割既尽，其王则又预织一罩，复罩于上，仍复年年不绝。堂之左有司马仪圣人之墓，其坟垄俱是绿撒不泥宝石为之，长一丈二尺，高三尺，阔五尺，其围坟之墙，以绀黄玉迭砌，高五尺余。城内四角造四堆塔，每礼拜卽登此塔喝班唱礼。左右两傍有各祖师传法之堂，亦以石头迭造，整饰极华丽。

其处气候四时常热如夏，并无雨电霜雪。夜露甚重，草木皆冯露水滋养。夜放一空碗，盛至天明，其露水有三分在碗。土产米谷仅少，皆种粟麦黑黍瓜菜之类。西瓜、甜瓜每个用二人抬一个者亦有。又有一种缠花树，如中国大桑树，高一二丈，其花一年二放，长生不枯。果有萝卜、万年枣、石榴、花红、大梨子，桃子有重四五斤者。其驼、马、驴、骡、牛、羊、猫、犬、鸡、鹅、鸭、鸽亦广。鸡、鸭有重十斤以上者。土产蔷薇露、俺八儿香、麒麟、狮子、驼、鸡、羚羊、草上飞，并各色宝石、珍珠、珊瑚、琥珀等物。其王以金铸钱，名倘加行使，每个径七分，重官秤一钱，比中国金有十二成色。

又往西行一日，到一城，名驀底纳。其马哈嘛圣人陵寝正在城内，至今墓顶豪光日夜侵云而起。墓后有一井，泉水清甜，名阿必糁糁。下番之人取其水藏于船边，海中倘遇飓风，即以此水洒之，风浪顿息。

按语：《瀛涯胜览》，明马欢著，成书于景泰二年（公元1451年）。马欢，字宗道、汝钦，号会稽山樵，浙江会稽（今绍兴）回族人，明代通事（翻译官），通阿拉伯语，曾随郑和于永乐十一年（公元1413年）、永乐十九年（公元1421年）和宣德六年（公元1431年）三次下西洋。马欢将郑和下西洋时亲身经历的20国的航路、海潮、地理、国王、政治、风土、人文、语言、文字、气候、物产、工艺、交易、货币和野生动植物等状况记录下来，从永乐十四年（公元1416年）开始著书《瀛涯胜览》，经过35年修改和整理在景泰二年定稿。《瀛涯胜览》被公认为研究郑和的最重要原始文献之一。

《瀛涯胜览》中所涉阿拉伯国家和地区有：祖法儿（阿曼佐法尔）、阿丹（也门亚丁）、天方（沙特麦加）、蓦底纳（沙特麦地那）等。

九、明代费信《星槎胜览》对阿拉伯的记载

◎剌撒国

倚海而居，土石为城。连山广地，草木不生，牛、羊、驼、马皆食鱼干。民俗颇淳。气候常热，田瘠少收，唯麦略有。数年无雨，凿井绞车，羊皮袋水。男女拳发，穿长衫、妇人妆点兜头，与忽鲁谟斯国同。垒石筑土，为屋三四层者，其上厨爨东厕卧室待客，其下奴仆居之。地产龙涎香、乳香、千里骆驼，馀无物也。货用金银、色段、色绢、磁器、米谷、胡椒之属。

诗曰：海丘名剌撒，绝雨亦无寒。层石垒高屋，狂涛激远滩。金银营土产，驼马食鱼干。虽有龙涎货，蛮乡不可看。

◎阿丹国

倚海而居，垒石为城，砌罗股石为屋，三四层高，厨房卧屋皆在其上。用粟麦。风俗颇淳，民下富饶。男女拳发，穿长衫。女若出，则用青纱蔽面，布缦兜头，不露形貌，两耳垂金钱数枚，项挂璎珞。地产九尾羖羊、千里骆驼、黑白花驴、驼蹄鸡、金钱豹。货用金银、色段、青白花磁、檀香、胡椒之属。

诗曰：阿丹城庙石盘罗，黑色滋肥粟麦多。风俗颇淳民富贵，

岁华常见日融和。境无寸草千山接，羊有垂胸九尾拖。纵目采吟人物异，还归稽首献銮坡。

◎佐法儿国

临海聚居，石城石屋，垒起高层三五者，若塔其上。田广而少耕，山地皆黄赤，不生草木，牛、羊、驼、马惟食鱼干。男女拳发，穿长衫。女人则以布兜头面，出见人也不露面貌。风俗颇淳。地产祖剌法、金钱豹、驼鸡、乳香、龙涎香。货用金钱、檀香、米谷、胡椒、色段、绢、磁器之属。

诗曰：佐法儿名国，周围石累城。乳香多土产，谷米少收成。大海鱼无限，荒郊草绝生。采风吟异境，民物互经营。

◎竹步国

村居寥落，地僻西方，城垣石垒，屋砌高堆。风俗颇有淳。草木不生。男女拳发，出以布兜。山荒地广，而多无霖，绞车深井，捕网海鱼。地产狮子、金钱豹、驼鸡有六七尺高者、龙涎香、乳香、金箔。货用土珠、色段、色绢、金银、磁器、胡椒、米谷之属。

诗曰：岛夷名竹步，山赤见应愁。地旱无花草，郊荒有马牛。短稍男掩膝，单布女兜头。纵目逢吟眺，萧然一土丘。

◎木骨都束国

濒海之居，堆石为城，操兵习射，俗尚嚣强。垒石为屋，四五层高，房屋厨厕待客俱于上也。男女拳发四垂，腰围稍布。女发盘，黄漆光头，两耳挂珞索数枚。项带银圈，璎珞垂胸。出则单布兜遮，青纱蔽面，足履皮鞋。山连地广，黄赤土石，不生草木，田瘠少收。数年无雨，穿井绞车，羊皮袋水。驼、马、牛、羊，皆食海鱼之干。地产乳香、金钱豹，海内采龙涎香。货用金银、色段、檀香、米谷、磁器、色绢之属。

诗曰：木骨名题异，山红土色黄。久晴天不雨，历岁地无粮。宝石连珠索，龙涎及乳香。遥看风物异，得句喜成章。

◎天方国

地多旷漠，即古筠冲之地，名为西域。风景融和，四时之春也。田沃稻饶，居民安业，风俗好善。有酋长，无事科扰于民，刑法之治，自然淳化。不生盗贼，上下和美。古置礼拜寺，见月初生，其酋长及民下悉皆拜天，以为一国之化，馀无所施。其寺分为四方，每方九十间，共三百六十间。皆白玉为柱，黄甘玉为地，中有黑石一片，方丈余，日汉初天降也。其寺层次高上，如塔之状。男子穿白长衫。地产金箔、宝石、珍珠、狮子、骆驼、祖剌法、豹、麂。马八尺之高也，即为天马也。货用金银、段足、色绢、青白花器、铁鼎、铁铫之属。乃日中不市，至日落之后以为夜市，盖其日色热之故也。

诗曰：罕见天方国，遗风礼义长。存心恭后土，加额感穹苍。玉殿临西域，山城接大荒。珍珠光彩洁，异兽贵驯良。日以安民业，晚来聚市商。景融禾稼盛，物阜草木香。尤念苍生志，承恩览远邦。采诗虽句俗，诚意献君王。

按语：《星槎胜览》的作者费信曾随郑和四下西洋，在郑和使团中担任通事（翻译），于永乐七年（公元1409年）、十年（公元1412年）、十三年（公元1415年）、宣德六年（公元1431年）四次随郑和等出使海外诸国。他每到一地，抓紧公务之余"伏几濡毫，叙缀篇章，标其山川夷类物候风习，诸光怪奇诡事，以储采纳，题曰《星槎胜览》"。该书即其采辑二十余年历览风土人物，约成书于正统元年（公元 1436 年）。该书补充了《瀛涯胜览》所未收录的若干亚非国家。对于研究 15 世纪初亚非各国，特别是郑和使团出访的几个非洲国家的基本状况，极有价值。书中对郑和等访问各国时的一些情况，也做了比较翔实的记述，是研究郑和下西洋和中西交通史的基本史籍之一。

《星槎胜览》中所涉阿拉伯国家和地区有：剌撒（在今亚丁湾附近）、阿丹（也门亚丁）、佐法儿（阿曼佐法尔）、竹步（索马里朱巴）、木骨都束（索马里摩加迪沙）、天方（沙特麦加）等。

十、明代黄省曾《西洋朝贡典录》对阿拉伯的记载

◎祖法儿国

其国在古里西北可二千里，西北倚山，东南临海。以石为城为屋，层起如浮图。

其民容体伟长而性朴。其王缠首以白布，服锦袍，间服青花丝嵌圆领，足有花靴。其出入以舆马，前列象驼，后吹叭嘲、锁捺拥行。其民男缠首以色布，服长衣，足不跣。女蒙首面以布。其上下崇回回教，有礼拜寺。礼拜之日咸罢市。涂体以蔷薇露，以沈香油。薰衣以沈、檀、俺八儿香。其将礼拜也，浴而涂体，乃服净衣，蒸香于胯下，薰而往，街市为之芬芳不歇。其婚丧行回回礼。

其土气温和，其交易以金钱，以红铜钱。金曰倘伽。金重官秤二钱，径一寸五分，一面有纹，一面人形。铜径四分。其谷宜五种，其畜宜六扰，多血竭、芦荟、没药、乳香、木鳖子，多芥瓜。有双峯骆驼，有金钱豹。有禽焉，长身而鹤颈，足四尺而二爪，其状如骆驼，其名曰驼鸡，是食五谷。有香焉，其树高可三丈，叶有四角，黄花而碧心，其胶如饴，其名曰安息，食之已鬼疰。其味笃

橚，其色如紫檀，其汁浓净而无滓，其名曰苏合油，涂之已风。

其朝贡无常。永乐中，遣其臣朝贡方物。

论曰：自柯枝而西去，天方益近。而流风沾被，修回回教者益谨。至薰沐其身而始礼拜，其真信习之笃也哉！

◎阿丹国

其国在古里西可六千里。其国滨海，以石为城，其民庶而勇，骑步兵可二万，威振邻国。

其上下修回回教，其语似阿剌毕，其王尚礼。永乐辛丑，正使太监李充等赍诏赐其王冕到冠服。苏门答剌国分舳宗周等领宝船往彼，王率头目迎入王府甚肃。开读赏赐毕，王谕国人，有珍宝者许易。王冠金冠，服黄袍，带以金宝。有礼拜寺，其王日一礼拜，金冠易以白布缠首，顶有金锦饰；黄袍易以白，车而往。其臣服有等。其国人缠首以色布，服撒哈喇梭幅锦绣，足有靴鞋。其女长衣，项佩珍宝缨络，珥宝环，四腕约宝镯，手足指约以金环，蒙首以丝嵌悦，仅露其面。其金银之工精巧，为西方之冠。

其食造以酥蜜。其民以石为屋，石之名曰罗股。以砖覆之，高五丈而三层。有浴室，有酒垆，有彩帛典籍之肆。其交易以金钱，以红铜钱。金曰哺梨，铜曰甫噜斯。其利玉石。其谷宜五种，其畜宜牛、羊、鸡、犬。金重官秤一钱，底面有纹。

其土气温和。其定岁以十二月为一岁，以哉生明为一月。其算历如神，某日而春，暨期枯者敷华；某日而秋，暨期荣者凋落。蚀而蚀，潮而潮，风而风，雨而雨，靡有违忒。

其贸采之物，异者十有二品：一曰猫睛之石，二曰五色亚姑，三曰大珠，四曰珊瑚支，五曰金珀，六曰蔷薇露，七曰麒麟，八曰狮子，九曰花福鹿，十曰金钱豹，十一曰驼鸡，十二曰白鸠。土物多紫檀木、蔷卜花，多万年枣、把担干、白葡萄、松子、榴、杏。有象，有千里骆驼、九尾羖羊。其白毫无角，角处有两圆黑毛，项如牛，狗毫而盘尾者，名曰绵羊。有兽焉，其状如螺，白身白面而青纹，其名曰花福鹿。其足前高九尺，后高六尺，蹄三跲，匾口而长颈，奋首高一丈六尺，首昂后低，二肉角，牛尾而鹿身，其名曰麒麟，是食五谷。其状如虎，元质而无纹，巨首而阔唇，其尾黑长如缨，其吼如雷，百兽见之，伏不敢起者，其名曰狮子。

其朝贡无常。永乐间，遣使修金叶表来朝贡。

论曰：国初，天监外设回回司天监，取回回人世官之，用本国土板历并兼推算，乃知圣主御世，一善弗遗者矣。尝闻之长老云：月蚀非回回历算，安得不谬如此。今阿丹人所算春秋候，是尤奇也！

◎天方国

其国在古里西南可二万里。古里西南申位行，善风三月至镇，番名秩滘，守以头目。秩滘西行一日至王城，本名默伽国，而又谓之天方。其王修回回教，其俗和美而富。见月之初生也，上下皆稽首而礼天。其容貌伟正紫色。男缠首长衣，足有皮鞋。女盖首，面不露。其语用阿剌毕。

国有酒禁，其婚丧悉行回回礼。其礼拜之寺曰天堂。其堂四方而高广，谓之恺阿白。……堂之周如城，以五色石垒砌。城之门四百六十有六。其堂以沉香为梁，梁有五。以黄金为阁，以泔黄玉布地，以蔷薇露、龙涎香日涂堂之四壁，馨香不绝。以白玉为柱，柱凡四百六十有七。前之柱九十有九，后之柱一百有一，左之柱一百三十有二，右之柱一百三十有五。其堂之幔以紵丝，色用皂。其守堂狮子二，色咸黑。他国至堂而焚香也，岁一至，不远万里而来，以十二月十日为期，每年此日，诸国回回人虽海行一二年远道者，亦至此堂礼拜，皆割取堂内皂幔一方去为记忆。尽，则王又以幔代之。

其堂之左有古佛墓，是为绿撒卜泥宝石之所筑。其长一丈二尺，高三尺，广五尺。其墓之垣砌以泔黄玉，高五尺。其城四隅咸有宝塔，礼拜者登焉。有授法之堂，皆五色石为之。

其土气恒燠，无雨电霜雪，四时玉烛，草木常不零落。其甘露日降，国人承露以食。其交易以金钱，名曰倘伽。其利玉石。其谷宜五种，其畜宜六扰。钱径官寸七分，重官秤一钱。

其国西行百里日暮底纳城。城之东曰谟罕蓦德神人之墓。墓顶有五色光，旦夕辉煌不绝。墓后有泉，其名阿必糁糁。其味甘美，其泉能息波涛，泛海者必汲藏于舟，遇飓风而洒之也，波涛随息。

其土物有蔷薇露、俺八儿香。有豹、麂、草上飞、麒麟、狮子、羚羊，多龙马，有驼鸡、骆驼、骡、驴、兔、鸽。其花有缠枝花，树如大桑，高二丈，岁二收。有葡萄、万年枣、石榴、林檎、梨、西瓜、巨桃，一桃而用二人以举。

其朝贡无常。宣德中使郑和至西洋，遣通事七人赍麝香、磁器、缎匹同本国船至国，一年往回，易得各色奇异宝石并麒麟、狮子、驼鸡等物，并画《天堂图》一册回京。其天方国王亦遣其臣沙璬等将方物随七人来朝贡。

论曰：玉堂之谚久矣，盖慕其乐土也。今观其国所有，乃知谚语为不虚焉。但国史以默德伽别于天方，而欢云即其地。余详考之，谟罕蓦德，默德伽王也，而天方之西有其墓焉，则一国二名者矣。

按语：《西洋朝贡典录》共三卷，黄省曾撰，纂修于正德十五年（公元1520年），至清嘉庆十三年（公元1808年）才刊印。该书记录了郑和所至二十三国的道路、山川、风俗、物产、器用、语言、衣服等，校正了《瀛涯胜览》《星槎胜览》书中一些文字错讹和脱文，补充了《瀛涯胜览》《星槎胜览》两书中所无的各地土特产品和贡品，其中针路的记载更是其他书中所少见的资料。

《西洋朝贡典录》中所涉阿拉伯国家和地区有：祖法儿（阿曼佐法尔）、阿丹（也门亚丁）、天方（沙特麦加）、蓦底纳（沙特麦地那）等。

十一、明代严从简《殊域周咨录》对阿拉伯的记载

◎蓦德那

蓦德那，即回回祖国也。其地接天方。初，国王谟罕蓦德者，生而神灵，臣服西戎诸国，尊号之为别谙拔尔，犹华言天使云。其教专以事天为本，而无象设。其经有三十藏，凡三千六百余卷。其书体旁行，有篆草楷三法，今西洋诸国皆用之。又有阴阳、星历、医药、音乐之类。隋开皇中，始传其教入中国。本朝洪武元年，上改太史院为司天监，又置回回司天监。二年，上徵元回回历官郑阿里等十一人至京师，议历法，占天象，给廪赐服有差。

按回回有阴阳星历之传。不知其与中国所习何如也。想必有精妙简捷之法，为吾中国之所未晓者。故圣祖特置监以掌之。徵郑阿里等以业之。迄今钦天监尚有世守其术者云。

初，回回人有入边地者，上遣主事宽彻等往谕，至西域诸国，被别失八里国王构留之。诏留回回人于中国，待使者归然后遣还。

回回人称有父母妻子，久羁思家，恳请还国。上曰："逆人至情，仁者不为也。"悉遣之还。

永乐四年，国主遣回回结牙思进玉碗。永乐甲戌，回回哈只马哈没奇等来朝贡方物。因附载胡椒与民互市，有司请征其税。上曰："商税者，国家以抑逐末之民，岂以为利。今夷人慕义远来，乃侵其利，所得几何，而亏辱大体多矣！"不听。宣德中，又随天方国使臣来朝贡方物。

正德中，御马监清河寺西海子有虎豹鹰犬等物，各处设有养虎回回三名。嘉靖初，世宗登极。给事中郑一鹏疏请屏去，以崇节俭。从之。然回回种类散流南北，为色目人者甚多。而有一种，寄住哈密城内，颇称劲悍，常随哈密往来入贡。后多叛哈密，往从土鲁番。

初，番人夺占哈密城，令回回倒刺火者等十二人探问甘肃消息。被别种夷人也先哥人马截杀。倒刺火者脱走，把关军人获送兵备副使陈九畴，审得其情，系狱死。番将牙木兰因探使不归，又遣暂巴思等入关侦信。陈九畴疑之，捕审下狱。令通事毛见防守。毛见素与暂巴思相善，乃与回回高彦名谋私备兵器，约土鲁番打甘州城，夺出暂巴思等。事觉，彦名、毛见、暂巴思俱杖死。番酋因暂巴思等日久无音，又令回回怯林扎儿的往萧州踪探。守堡千户王翥获之，毙于狱。又有写亦虎仙者，亦回回种，为哈密都督，阴结土鲁番屡夺占哈密，虏其王及金印去，不时入寇甘肃地方扰乱。四年，九畴奏虎仙谋叛，处决，亦死狱中（详具《哈密传》中）。当时，以土鲁番举兵皆回回诱引，旋贡旋侵，七八年来迄无宁岁。诸臣奏疏悉名其人为奸回云。自后，尚书王琼抚处，番酋进贡，回人同贡，至今不绝。

其国有城池、宫室、田畜、市列，与江淮风土不异。制造织文，雕镂尤巧。寒暑应候，民物繁庶。种五谷、葡萄诸果。地虽接天竺而俗与之异。不供佛，不祭神，不拜尸。所尊敬者唯一天字，天之外敬先师孔子而已。

其谚有曰：僧言佛子在西空，道说蓬莱住海东。惟有孔门真实事，眼前无日不春风。此言亦颇可取。

人尤重杀，非同类杀者不食。不食豕肉，每岁斋戒一月，沐浴更衣。居必异常处，每日西向拜天。国人尊信其教，虽适殊域，传子孙累世不敢易。今广东怀圣寺前有番塔，创自唐时。轮围直上凡十六丈有五尺，日于此礼拜。其祖浙江、杭州亦有回回堂，崇峻严整，亦为礼拜之处焉。主其教者或往来京师，随路各回，量力赍送如奉官府云。

按回回祖国，史正纲以为大食，《一统志》以为默德那。据其教崇奉礼拜寺，四夷惟天方国有其寺，或实天方也。入中国自隋时，自南海达广。其教有数种，吾儒亦有不如者。富贵、贫贱、寿夭一定也，吾儒惑于异端而信事鬼神矣。彼惟敬天事祖之外，一无所崇。富贵者亦不少焉，吾儒虽至亲友之贫者，多不尚义，他人莫问矣。彼则于同郡人贫日有给养之数，他方来者皆有助仪。吾儒守圣贤之教，或在或亡。彼之薄葬、把斋、不食、自杀，终身无改焉。道、释二教又在吾儒之下不论也。

又按回回不事佛。而僧家每以回回说偈诳人。如方谷珍起时，有女八岁，患痘祷于延庆寺关王神，既愈，女往奉油谢神。寺僧作梵语诵于神前，名曰《回回偈》云："江南柳，嫩绿未成阴，枝小不堪攀折取，黄鹂飞上力难禁，留与待春深。"僧料女之不喻，而女甚明慧，闻之恚，归语父知。谷珍捕僧，盛以竹笼，状若猪睡，投急流中。谷珍曰：'我亦有《回回偈》，送汝云："江南竹，巧匠作为笼，留与吾师藏法体，碧波深处伴蛟龙，方知色是空。"僧诉曰："死即死，愿容一言。"谷珍额之。僧复作《回回偈》云："江南月，如鉴亦如钩，如鉴不临红粉面，如钩不上画帘头，空自惹场愁。"谷珍笑曰："饶你弄聪明小和尚!"后谷珍内附，女配黔国公之子，在云南。姑录之，以为愚俗信佛者使知回回说偈之妄也。

◎天方国

天方国与默德那接壤，古筠冲之地，旧名天堂。自忽鲁谟斯四十昼夜可达其国。乃西洋之极尽处也。有言陆路一年可达中国。用回回历，比中国历前后差三日。（或云天方回回祖国也。）

本朝永乐七年，遣正使太监郑和等往赏赐。其国王感恩，加额顶天。以方物狮子麒麟贡于廷。宣德中，国王遣其臣沙瓛等贡方物。自后来贡私自称王，尝与土鲁番贡使同至。番文开其下小酋附贡者，率以王称。韩文在礼部疏曰："伏考西域等国称王者亦止是一人，前此番文求讨赏赐，除国王外多者不过十余纸，大抵皆称王母王弟王子，其余部落称头目名色。惟是今次土鲁蕃开称王号者七十五人；天方国称王号者二十七人。不分孰为国主而孰为部领。今敕书回锡之，间若一概答之如其所称，则是所称地面皆系入贡之国，无复君臣之辩矣。此等事体大有关系，况称号名目既多，则贡虽微俱该从重给赏，求讨相同，自当逐项回答。且一次准许，则自后遂为成例，将来不副其无厌之求，执词启衅未必不由于此焉。宋人予契丹岁币，富弼力争献纳二字。古人慎重开端如是，夷狄安得不慑服乎。今我朝堂堂一统，神威圣武，四夷震叠太山之势，何所不压。而蕞尔西戎，乃敢肆其狡诈，渎滥王号，僭于天朝。揆诸大义，责以国无二主之道，彼将何词？臣愚请降一敕，丁宁天语，发明华夏君臣之大分，备述祖宗庙堂之严规。外以折其奸，内以寓吾教，责付夷使宣示知之，庶怀柔之恩，制驭之略，各不相悖。"

嘉靖四年，陕西行都司差千户陈钦、通事哈荣皮见伴送天方国使臣火者马黑木等十六名赴京进贡。二月，到会同馆。礼部主客郎中陈九川（江西抚州人，进士）例应审验，因病炙火后堂，本司主事林应标、吕璋令玉工魏英将各夷方物验看。火者马黑木玉石三块，司吏赵堂送至后堂与九川覆视毕，抬进皇城赏房内安置。八月，九川病瘥出司，将前验送赏房玉石复行抬出，另拘玉工翁伟等辨验，拣出不堪玉石贰百六十三斤，退与马黑木等。及将前方物题进。因见原来文册洗改玉石块数斤两不同，疑其匿过玉石。将伴送陈钦等参送法司问罪讫。马黑木等见玉石退还，进献数少，恐赏赐轻减，及要货卖带来方物，乃具番字本奏行礼部。九川将本藏隐，止令通事具告通状，给示许卖各色玉石物件，不许过多。又有朝鲜使臣郑允谦、通事金利锡等进贡，至馆买卖。本司主事陈邦偁，以旧规给木牌，令馆夫押伴。金利锡等不服。礼部尚书席书闻之，命邦偁宽其禁，乃改作纸牌。邦偁诟金利锡等，通事夏麟与夷使说知，夷使俱憾焉。及同来回夷哈辛等将白色大玉一块讨价万两货卖，陈邦偁具呈礼部要将大玉贡献。回夷乃告九川曰："我们将妻子当在番王带这块大玉来卖，若进朝廷，只照进贡赏价，我们性命不敢想活，不情愿卖与朝廷。"九川令鸿胪序班白杰省谕各夷。谓朝廷前岂敢言卖，只作进献。重赏价真或准令自卖两请。蒙准自卖。

九月，马黑木等未经领赏，具告许令开市二日。每常提督四夷主事辰时到馆，陈邦偁是日迟至未时方到。又督令官吏人等封闭各门关防，过严阻抑，不得便于买卖。回夷商人各兴嗟怨。马黑木等因具番本赴关跪奏，内阁将番本命翰林序班龚良臣、马良传在于东房译出间，大学士费宏命马良传来问译得是何事。马良传回有主客司字样。宏谓之曰："二人前程不是容易，须要仔细。"良传会宏有回护意，随传与龚良臣知之。又夷人本内错写"兰州"字样，比"郎中"字样切音缺少四齿。龚良臣等遂依文译写，抄行礼部。拘伴送陈钦、哈荣皮见及通事撒雄等，带领马黑木俱赴堂审。马黑木等讦称六月十五日五更朝见时，在长安街銮驾库前有外郎赵堂来问我索钱，夥内火三乩、撒都剌各怀银一百两，共二百两，亲自递与赵外郎收去。七月初五日，验方物时，带进玉石三块，郎中留下一块约九斤，止将二块交还。又小刀二十把，铁角皮十条在内混失。礼部以番夷所言与奏内不同具题。上诏办验玉石官九川等、吏赵堂等，镇抚司狱。九川以兵部武选郎中张瓛原任本司，托瓛转达镇抚张潮，不可亏了公道。瓛应允之，遣家人张远持帖达意于潮。本司都吏叶增遂又报与通事胡士绅。及指挥邵辅讯赵堂前事，堂不肯认。夷人谓堂只认一两或五钱也罢。潮曰："若认一两五钱是与二百一般。"辅、潮又审得礼部原奏抄本译出汉字，内乃"兰州"字样，回夷争执原系"郎中"字样。又夷人初来投进番文十一道，除进贡方物验收题赏外，又求讨蟒衣、金盔等项。九川查执旧稿立案，不行覆奏。邵辅、张潮审得赵堂无受夷人银两，夷人不服，乃具本仍请将前奏通提会问。上诏："事情既鞫问明白，止是夷人火者马黑木一人虑恐原奏涉虚，不肯输服，不必通题会问。林应标、吕璋验进方物失于子细，混同收退，以致有词。陈九川、陈邦偶检验过精，拘禁太严，以致渎奏。各罚俸三个月。撒雄等引领朝见，不行省谕，以致自行跪奏，有失朝仪。也罚俸一个月。赵堂送吏部，改拨在外衙门当。该哈荣皮见放了。回夷诬奏妄捏，论法本当重处，念系远夷，姑从宽饶他。还着礼部严加戒谕，今后入贡务要遵守法度，敬事朝廷，不许妄生事端，自取罪责。"

初诏谕之时，鸿胪通事鲜鸣随朝于赐宴所，与同官胡士绅言及夷人奏本。鸣素有憾于龚良臣，遂言原是"郎中"字样，良臣译作"兰州"字耳。且良臣亦自谓有费公分付之语。至次年正月，九川谓序班白杰曰："里面说这些回子旧年来的，通事们何不催他起身。买卖两次已无他事，我要题本差官校催赶他去。"白杰遂与胡士绅言之。陈邦偁又每向胡士绅等曰："我闻前官若刘主事件主事，或替士夫买些玉石。我不曾买他的，我又不曾见他的。我公生明廉生威，何有于彼夷哉！"

士绅素忿九川等严束，欲构成其隙。乃于本司四夷科吏李聪处，将赵堂勒取回夷银二百两之事探问情由，李聪漫应曰："只得二三十两。"邦偁又以所属员役通夷生事，乃上疏曰："臣备员部属提督会同馆，于鸿胪寺通事序班等官实有监临之任，查得《大明会典》具载我国初入贡之夷十有八国，因其来之疏数以为通事之多寡。其后虽有久不来贡者，则亦设有通事。其选用也，徒以谙晓夷言。其食粮也，冠带也，授官也，惟以积累年月。有为通事历俸数年，未遇贡夷，略无职务而亦叨获序进。视乎夷来之数，其劳逸何如。且诸通事即古象胥寄译之职，其于贡夷除引领传译之外，又尝承委审其诈冒，理其贸易，夷情攸系。事匪轻微，须得廉者斯不求索乎夷，慎者斯不容纵乎夷。否则交通之不特求索而已，教唆之不特容纵而已，宁不偾公务哉！其通事之未遇贡夷者，虽无职务，于例皆当五日一次请馆作揖。提督主事立有文簿，发馆把门夫役每日于各名下填写到否字样，年终送司备查。然遵约者少，故违者多，则其勤惰可知已。及各通事三六九年考满，但能手书夷言，释字无差,即得以为谙晓。故多但记诵纸上之文,而于各夷语音不务参习,况焉能勉修贤行,以尽其职耶!臣请特敕礼部行令该司,于凡考满通事,追查作揖文簿,有故违不到,次数多者,扣算日月,勿准其为实历。应考满者,察其行业,别其等差,如以廉者、慎者、勤者、引领传译多者为上;平常者、引领传译少者为中;贪者、肆者、惰者、无引领传译者为下。备由呈堂以凭参详,出给考语,定其优劣,不特试以夷言而已。又诸通事虽属鸿胪,而其职务多在会同,见知提督主事,合无许主事提督,三年满日,将各通事贤否劳逸,指名具呈本部参详转奏,或令径行举劾,上请特敕吏部参详考核,因其年绩以行黜陟。如上等者序迁,中等者仍旧,下等者革罢。别选补充。其通事序班历任年深有劳绩者,例迁该寺首领等官。或带别衙门职衔长为通事,不必递选鸣赞随堂,使各专精职业,不漫习学唱礼奏事声音,以图徼幸,且免选补名缺之烦。方巾通事必待年满无过,始授冠带。虽遇恩例,不得冒滥纳银,以坏常法。如此则考课详严,而人不识所劝惩者,未之有也。臣又闻古圣王之待夷狄,仁义无偏,威惠兼济。迩者天方国夷使火者马黑木等谋同伴送人役,抵匿原贡玉石,窃卖利己,该臣具呈本部参奏间,彼夷惧罪,捏称司吏受赃等情。因朔日入朝,辄敢自行跪奏,该待班御史奏劾,奉旨鸿胪寺查参。该寺行拘译审,彼夷因而添捏,诬及司官。续该本部奉旨,看详所奏,查审分明具奏,欲送法司问理,以惩欺罔。既而奉旨,将司办验方物官并吏伴送人役拿下卫狱。累经鞫问,奏捏诬情明白。彼夷虑恐涉虚获罪,不肯输服,且以臣尝督令该馆官吏人等关防开市,其抵匿玉石,禁其买取违禁之物,因而添捏,诬以严于拘禁,该镇抚司鞫问明白。圣上念系远夷,姑从宽宥。臣等各罚俸有差。臣惟鲁史限华戎,《周易》戒太否，所以正冠屦保治平也。今贡夷敢行混失朝仪，诬犯主客，事出非常，实臣等同官监临不职所致。然于国威损矣。非赖圣上垂明，轻此之罚，声彼之罪，所损又当何如！识者咸谓例军民申诉，必由通政使司，无得径达者。而夷人乃得径达。律依告状鞫狱无得添捏者，而夷人乃得添捏。律奏事诈不以实无得免罪者，而夷人乃得免罪。则回夷之失仪诬犯奚惮而不为！使凡贡夷皆敢效尤桀骜，诉挟所司，不服约束。则刚者执法或取无妄之祸，柔者纵法渐成姑息之风。月异岁殊，威将弗振，外患有必至焉者。岂特主客之羞而已哉！臣愚但知仰仗高明，益坚清白，谨守常法，以称卑官，安得因一沮抑即畏祸而自懦懈也！虽然我国家之于四夷重往而薄来，敝中以事外，怀柔至矣。其所以制驭之者，臣请陛下玩泰否之卦，修华戎之防，屈听迩言，特敕礼部参详议处。自今入贡四夷朝见辞谢，仍令赴鸿胪寺报名转达外，其余求讨讼诉等项奏章，俱令赴通政使司告投转达。译字明白，得奉圣旨，下各该科参看，抄出该部施行。敢有不由使司径冒自奏者，奏词不行，通事伴送人员各罪以违例，所奏或事连职官，下法司审究分明，果行不碍，方行参提问。拟如律免，令急据械系，以存礼体而励近臣之节。夷人敢有捏奏诬枉，轻则减其赏赐，重则绝其朝贡。若通事伴送人等知情者，坐以奏事不实议处，既当，奏请上裁著之。令甲仍出给告示，发会同两馆门首，张挂晓谕，则庶乎法禁严明，贡夷摄服。无情者不得尽其词，而朝仪可肃，国势可尊。臣又惟天方国与土鲁蕃地里相近，俱谓回夷。今土鲁蕃侵逆初宁，天方国入贡而叛，其馆中开市贸易，除臣督令官吏人等照例关防起程包箱，又待兵部车驾司官会同检验外，尚恐各夷犬羊之性，蜂虿之毒，恃恩骄恣，沿途延住，挠扰驿递，因而窥觇虚实，透漏事情，交通无籍军民，私卖违禁货物，伴送人役故纵不行防阻，贻患非细。臣请特敕该部移文沿途官司，督令各该郡邑节次严加制驭。遇到即行给与应得廪饩车马，催发起程，勿容延住。仍行抚按甘肃衙门差官管押至关，重别检验包箱，果无禁物，方许放出。俾土鲁蕃仰闻中朝之待远夷德威如此，可以革其犯顺之愿，启其向上之诚。是后凡有回夷愿入贡物者，请一切闭关勿纳，于以省浮费惠穷民，则隙走马绝西域者，不得专美有汉矣。"旨下礼部。于是胡士绅奏称九川、邦偁刚恶浮躁，乞先赐罢黜，以顺夷情以弭边患。

按是时张璁以言礼合上意，骤进向用。欲因事倾内阁费宏，故夷使之讦奏，实凭藉于士绅等。而士绅等之横肆，亦因主之有人也。及九川等下狱，又攀费宏受玉。而其展转谋陷之情见矣。

上诏九川、邦偁逼勒货物，闭禁使臣，欺玩法度，甚失朝廷柔远之心。下镇抚司狱责问，不许似前轻纵。士绅又奏镇抚司指挥张潮听嘱回护，构怨外夷。上诏并下锦衣卫问。指挥邵辅奏称："臣先与张潮曾同会勘，今恐有同僚回护之嫌，应请回避。乞敕都指挥骆安等从公鞫审。"上诏邵辅不准回避，着锦衣堂上官同问。骆安又奏："请三法司会勘，以杜嫌疑。内开张潮奏办及九川被讦情由，面审情词不一，乞将番汉原本发出，并将胡士绅、龚良臣等通提对证，事体方明。"上诏士绅不必提，骆安等牵撄回护，且不查究。九川、邦偁打问招认来说。

九川被讯，遂称前玉已送大学士费宏，其家人费兴贵、费阿义收受，宏令玉匠曹春造为玉带，及认张璁等听嘱前情。骆安等又奏称："国体重大，夷情不轻。若果改译情真，干碍大学士费宏。嘱托已行，干碍指挥张潮，俱听该部径自参奏，通行究治。必须宪典昭示，度使夏夷无词。"上怒其展转支调，诏仍前急缓治罪不饶。张璁、张潮、龚良臣、马良传、叶增、李聪都提了问。夷人求讨蟒衣等物，奏本着礼部与他查覆。邵辅且革回原卫带俸。

胡士绅又奏九川等致怨回夷等情，讦及大学士费宏受玉是实。上诏陈九川、陈邦俌照前旨好生打着，追问招认。刑科给事解一贯疏曰："近该锦衣都指挥骆安等请官会勘，以杜嫌疑。奉钦依胡士绅等不必题，陈九川、陈邦俌照前旨好生打着，追问招认。窃惟古之制，狱正听之，司寇听之，三公听之。狱成，王三宥然后致刑。《书》曰：'两造具备，师听五辞，五辞简孚，正于五刑。'《礼》曰：'刑者侀也，成也。一成而不可变，故君子尽心焉。'仰惟我祖宗创制立法，于刑狱一事尤为尽心。故凡问官，既勘明矣，必送法司以拟其罪。法司既拟罪矣，又必送大理寺以审其允。虑其误也，复原情而致刑。恐其冤也，复命官以审录。亦以刑狱民命所系，故慎重如此。百余年来，刑清民服，天下无冤狱者以此。今陈九川等事情其有无虚实，臣等皆不可知。其是非曲直臣等亦不暇辩。但以治狱言之，必原告在前，被告在后，众证明白，而后可以服其心，文案不遗而后无所逃其罪。胡士绅原告人也，龚良臣、鲜鸣、夏麟、朱道鸣、撒雄、白杰、叶增、李聪、陈钦、哈荣皮见俱干证人也。番、汉原本即文案也。有原告则两辞可折，有干证则众说可据，有文案则真伪即见。今不提胡士绅是无原告人矣，不提龚良臣等是无干证人矣，不吊番、汉原本是无文案矣。独使九川、邦俌与一纸并严刑对，虽十恶重情，亦无不招者，况余事乎！治狱之道，恐不如此。且彼得以有辞而不心服矣！伏望皇上念死者不可复生，断者不可复续，敕下各该衙门，将原告并一干人证及番、汉原本通送问官，一一从公对理。如果是实，然后依律究治。庶用法平允，情罪真当，而彼虽死亦无憾矣！"上诏："这厮每恣意回护，辄来奏扰。"不从。

御史王正宗疏曰："胡士绅讦奏见监陈九川、陈邦偊等，狱案未成，事未别白，而胡士绅又奏九川等事情，且本内牵言辅臣，其情之虚实，臣等皆未可知。但我祖宗旧制，一有大狱，必先付法司，或竟付镇抚司问理。若有未明，必奏请三法司会问。若再有未明，必奏请多官午门前会同问理。盖至于多官会问，其事情无有不明，刑罚无有不中者，出于众人之公也。此即古之用刑，先问之左右，次问之诸大夫，又次之间之国人之遗也。今士绅之一事，初命镇抚司而致有回避，再命堂上官而致有请官。此必各官见其掣肘难行，故有此举。陛下正当体察其回避之故，俯从其请官之举，务协舆论以求至公。今则未蒙俞允，各官震惧，此臣等所未逾也。若陛下止因九川等不体上心，处夷过当，亦可少霁天威，从臣前议或与多官会同推问，或与三法司一同问理。仍欲人卷俱全，对证明白，众口一词，事无亏枉。覆奏之日，臣等知陛下必断之以至公，施之以至平，不至以士绅过于激切而重九川等之罪，亦不至以九川有当得之罪而废朝廷之法矣。"上诏其回护奏扰，亦不从。

太子太保礼部尚书席书疏曰："近该鸿胪寺回回馆通事胡士绅具奏九川、邦偊致怨回夷等情，访得往年主客司郎中相待所属鸿胪寺通事礼貌颇优，会同馆主事与在馆通事和同相处，积习已非一日。自去年三月陈九川到任，不容平头巾通事与官带序班通事一起参见，又不答拜还揖。彼时胡士绅考选通事未及二年，既无冠带，又未食粮，嗔怪九川将他另作一起相待，体面颇严，以此积恨在心。回人贡献玉石等物，九川等自谓进上之物，辩验精详，十分敬谨。中间粗石黑玉甚不堪者，拣退若干。主事陈邦偊分管会同馆事，拘泥旧规，严禁夷人出入，致生嗟怨。见得夷人大玉一块值价万两，邦偶过于小心，具呈本部奏请明白，然后许卖。又见得本馆通事不听约束，奏要听其考察去留，事不如意，动辄用言詈骂。以致各该平头巾通事胡士绅等，刻恨二臣深入骨髓。通部官吏皆知回夷归怨二臣之心不过三分，通事人等致怨二臣却有七分。因此去年回夷在奉天门跪进番本，胡士绅等不肯阻栏。意欲朝廷将二臣罢黜不遂，今又假托夷人致怨之词激怒朝廷，必欲罢遣二臣方快此心。自皇上宽宥各官之后，臣等日逐分付该司今后各要仰体圣心，凡待夷人俱从宽处。去年开市，例外容令买卖五日。适遇雪下，货物变易不尽，新年赴部告令再买卖二三日起身。亦不闻回夷再又致怨之言。设有此言，该管通事缘何不赴部堂告禀？今胡士绅所言译写番文字样有无差错，臣等不得而知。窃念中国之于夷狄，如天冠之于地履，部省之于所属，堂阶之分亦甚截然。自去年乐䕶以所属钦天监官轻奏部省，今年所属鸿胪寺以一微末通事，遂致假夷人之怨排奏部官。二臣固不足惜，诚恐此后夷人效尤，愈肆桀骜，本部不敢裁制。所属小吏蔑视部堂，无以自立群官之上矣。乞下镇抚司行拘天方国使臣虚心详审，今年正月以来陈九川等有无别生事端，启衅招怨。万一情有可原，乞将二臣量赐释放，使得更生，勉图后报。"上诏："卿等既居堂官，陈九川等恣肆妄为，却不举奏。返行论救，非大臣事君之道。"

于是费宏上疏自陈乞罢。称："先于嘉靖三年七月内，因往涿州迎接宪庙神主，将苎丝二疋、银二两作羊酒，并诗一首送与同年彼处致仕南京户部尚书邓璋。璋令侄监生邓仲和将玉石一块以为作诗谢礼，来京亲送。去年九月内，唤不知名碾玉匠看是浆水玉石，做带一条，小带一条，闹妆女带一条。并不系九川送与。乞辩明诬害，以全名节。"上诏宏："卿系辅臣，尽诚体国，朕所倚任，谅无请托交通之情。所奏诬陷，朕已知之，宜即出供职，不必深辩。"

既而刑部侍郎张璁、学士桂萼共疏论宏实受九川侵盗玉石。乃认邓璋所馈以饰其罪，乞追玉坐免。宏疏曰："昨该詹事兼学士桂萼、张璁连名具本攻臣，谓臣实受陈九川所盗贡玉，而姑认为邓璋所送之玉以为脱罪之计。又谓臣纳市政使彭羲之贿票拟存留得以调用。以此二事诋臣为误国神奸，亟宜罢黜。盖近日选取庶吉士例有教书官二员，萼、璁皆有垂涎染指之意，而萼以该院掌印，自诡必与，望之尤切。及臣等题请命官以属温仁和、董圯，而二人皆不得与，愤恨不平，乃遂假此二事上渎圣聪，以为报复之举耳。夫九川之玉与臣无干已荷优诏发落，谓九川假称内廷有旨，诬陷辅导重臣，固不必与之辩矣。若谓邓璋送玉，欲图总制，则臣不容不辩者：臣以嘉靖三年七月，往迎献皇帝神主，因过璋家，作诗赠璋。十月送玉来谢，书简见存，日月可证。而总制之推，在嘉靖肆年十月，经隔一年。璋岂能于一年之前预知总制有缺，而遂萌此念乎？况总制之推，吏部会官，臣不能专主。况与璋并推者又有尚书王宪，吏部以璋尝总制甘肃，宪尝为兵部，其才可用，非以臣言用也。至于彭羲之留用，则亦有说。盖凡朝觐官员，吏部会同都察院考察黜退者，则一概黜退，少有复留。科道拾遗部院覆题请旨定夺者，则旧例送下，或去或留，亦从内阁票拟。前此往往皆然，非臣等徇私而创此举也。羲居官虽不能大过乎人，而循谨廉平，则非惟臣知之，臣同官石瑶、贾咏亦知之，吏部都察院亦知之。其所以得谤者，特因科场争坐，欲循旧规，不肯列于巡按之傍。御史谢汝仪怒之，加以不谨，实非其罪。故吏部都察院考察之初，不忍以不谨出羲。而臣等于拾遗之疏拟羲调用者，亦以其年方五十，才尚可用也。夫萼、璁之挟私而攻臣者屡矣，不得为经筵讲官则攻臣；不得与修献皇帝实录则攻臣；不得为两京乡试考官则攻臣；今不得与教书之举则又攻臣。二人者徒以臣为内阁之首，意谓凡事皆臣沮之，而不知臣之举措亦必谋诸寮友，协于公议，又必取自圣裁，岂敢徇私而专主乎！萼、聪之器量亦甚小矣，其为谋亦甚浅矣。萼亲对臣言术士邓隐仙判伊命状有同乡并阁之语，盖讽臣荐之入阁也。其所以屡屡攻臣者，盖欲臣决于求退而代其位也。臣多疾无才，忧谤畏讥，心欲求退久矣。但以受命纂修皇考实录，欲候书完上进，以成圣志，乃敢乞归，庶无后责焉耳！萼、聪又谓臣居乡并植祸及祖父之坟茔，夺人凶残解及第兄之支体，尚不能保其家，焉望有益于国！臣之先坟被发，从兄受祸者，盖以正德之初，宁贼宸濠谋为不轨，请复护卫，使人以重贿啖臣。臣不敢受，昌言以沮其谋，宸濠憾臣，计嘱奸臣钱宁，矫旨罢臣。及臣既归，乃嗾臣乡人集众并力，欲以害臣性命。幸而天祐朴忠，得以脱免。复见用于圣明之世。使臣苟图濠贿与之同谋，则当叛逆既露之后，且与陆完、钱宁辈俱受大戮矣。又岂有今日乎！臣平日无他技，能惟此一事士大夫亦颇见许。以为能忘家为国，可谓之忠。而萼、璁乃反诋斥以为无益于国，不知其论果出于众论之公乎？抑或出于一己之私也？近因恭和御制诗章，忽有蟒衣玉带之赐，萼、璁亦怀忌嫉，形于奏讦。则二人主于诬陷，不欲臣受陛下之宠任明矣！臣心迹既明，即当辞避权位，归休田里，岂能与小人争胜！"上诏："事已明白，不准辞。"

按疏内所言虽不甚关于天方，而事有所起，则由天方也。故备录之。且以见当时大臣因夷人之小事而自相攻击，不顾中国之大体，若此亦一时可骇之事也。

　　璁又疏曰："司马光言：'人君大德有三：曰仁，曰明，曰武。'今宏擅专威福，大肆奸贪。臣等言之，皇上既察之，未决去之，则仁矣明矣，或武德有未尽者乎！本月经筵，费宏不与，皆言宏有不法，事败被东厂缉获。臣等随究其实，云有乐工张仁者，原与臧贤俱助宸濠为逆，而费宏与张仁实为心腹。宸濠事败，臧贤抄没，时张仁巧计漏网。既乃为费宏夤缘起用，因此专一在宏门下过钱。今东厂缉拿张仁，已招过送费宏玉带银两表里等物。又缉拿乐妇名李解愁者，已招是宏长子懋贤包宿。名高秋儿者，已招是宏次子懋良包宿。每二乐妇至费宏家，其子每与自己衣帽穿着，如男子出入。又有相赠诗柬，俱被东厂鞫出真情。臣未知东厂敢尽以此情闻于我皇上否也！公论明扬，传闻中外，以为神奸事败。今至于此，当为圣天子贺，而太平有日矣！当日午后，忽又传言费宏云：'朝廷今宣我到左顺门，教我安心，明日便出来办事，不必辞本。'众初不信，次日果出朝参，众方大骇，以为知奸不去，不如不知之为愈也。且费宏主改番文，侵受贡玉，乃真情也。臣等论之，御史郑洛书与臣等并劾之。既而皇上优容，两无可否。使臣等效忠无地，至今有愧于心。反有论臣等欲夺费宏之位者，殊不知此乃费宏平日所为，臣等实所不为者也！正德六年，大学士刘忠主会试考，宏为礼部尚书，欲谋入阁，将会录榜注某句不好、某句不好，托人奏武宗皇帝，说刘忠没学问。刘忠去位，宏遂入阁。事载大学士李东阳《燕对录》中，于今可证。正德九年，大学士梁储主会试考，宏复将会试录傍注某句好、某句不好，谋去梁储，以进己位。赖武宗察知，适宏又在武宗前嗤笑不恭，密旨着锦衣卫察究，将声其罪。而张仁密泄于宏，武宗震怒，将张仁发锦衣卫责打监禁。限费宏五日内起程，人皆知之。后宏乃托言不与宸濠护卫，以致休归，此真欺天罔人者也。且宸濠生日，宏曾作诗遣府学生员谢贤庆贺，其家居时设心可知也。夫以武宗皇帝特以刚武之资，故奸邪随发随灭。用能保全神器，传之皇上。皇上圣明如此，如费宏者可复久容乎！"

御史郑气疏曰："臣闻人臣之事君也，以和衷为尚，自足以消夫党比之私。其立身也，以节义为防，自足以作乎贪懦之气，是皆关乎治道之隆污、士风之邪正，而可以不慎哉！臣近见通事胡士绅之讦奏陈九川等语，虽止于部属，意实漫于宰执。言若面谩，侮大臣而不顾。事近罗织，伤国体而不惜。重外夷之方物，轻中国之衣冠。人皆曰彼何敢至此？皆詹事张璁、桂萼有以谋使之也。又见大学士费宏论辩受玉之来历，情虽出于辩明，迹若类乎掩饰。交际之厚，未免启请托之私，取与之过，终难逃贿赂之诮。始焉追究之太急，终则发落之无据。人皆曰事何以中止，皆大学士费宏有以周旋之也。臣闻此初则疑焉，今方信之，观璁、萼之劾费宏曰：'礼部郎中陈九川侵盗贡玉，招称与大学士费宏收受，宏因造为玉带。'姑认受邓璋之玉为掩藏苟免之计，系彼此惧罪之赃，宜追出入官，令其自陈罢黜。以此征之，则君子辞受取予之大义，圣贤进退出处之大节，宏实昧焉。况礼貌既以衰薄，退休宜尤勇决，乃复恬然不以为异，其何以辞贪冒之讥乎！费宏之劾璁、萼曰：'专尚攻讦，甘为小人，不得为经筵讲官则攻臣，不得与献皇帝实录则攻臣，不得为两京乡试考官则攻臣，不得与教书之举则又攻臣。'以此观之，则是以城狐社鼠之依凭为蹊田夺牛之深计，璁、萼实效焉！况心迹既多败露，公论实以昭彰，乃复肆然自以为得，其何以逃奸党之诛乎！是知士绅之讦奏，固为璁、萼之党恶，而费宏之贪暴，实有以来！夫璁、萼之狂肆也，况其间彼攻此曰，或甘为幕中引结之宾，或甘为门下狗盗之客。此攻彼日，鼓怒蛙之腹，张狂猘之喙。言词皆涉于骂詈，忿狠真同于市井。臣谓圣明雍睦之时，乃有此奸恶贪鄙之辈。伏望于费宏也，令其自陈，而放归田里，以全大臣之体貌。于璁、萼也，发其党恶，而并诸四夷，以惩群小。人之奸邪如此，则体统以正，朝廷以尊。"上诏："大臣贤才进退，朝廷自有公论酌处。不必泛言奏扰。"

于是骆安等问得九川藏匿夷玉，先已卖银五十两。今蒙追要，会知费宏家玉石做带，又因先年求亲不肯，挟恨攀 奢，以图抵塞掩饰己赃。其家人费兴贵与九川面证，费兴贵等畏受刑责，就依九川妄招情由，供认入己。夷人失去玉石，原称不匾不圆，略斜一角，比浆水玉略高些，约重九斤。今宏玉曹春开报七斤，自有不同。参照犯人陈九川欺妄，存心刻薄成性，职掌四夷，全无柔远之仁。指勒百端，专肆搜求之虐，克留进玉，卖与行商，展转指攀，词多不一。妄称大玉外夷自要进呈，甘作诳言，里面欲行逐赶番本，辄为立案，明旨恣意不行，罔上行私，莫此为甚。陈邦俦专司夷馆，合顺夷情，却乃刁难货物，毒逞恶声，怨积远人，讥归朝宁，骄矜轻跳，传笑遐荒，沮遏来王，致兴伊讼。张瓒听允察采央求，苟顺私情，敢于理刑衙门嘱记公事。张潮接受拜帖，显是徇情，追究吏赃，若有容纵，及与邵辅审译番文，失于奏请。龚良臣、马良传各不应承内分付译字欠明，似有回护。鲜鸣、叶增、李聪因话传言，诬不以实，鲜鸣又不合捏词奏辩。揆其各犯，情虽不同，罪俱难逭。合将各犯并犯属陈瑞通送刑部，分别情罪，从重议拟，奏请发落。及照大学士费宏做带玉石，究有根由在官。家人费兴贵、费阿义应各释放。上诏陈九川侵盗贡玉，欺君侮法，发边卫充军，银两追入官。陈邦俦不抚夷情，刁难货物，着为民。张瓒于理刑衙门辄行嘱托，降边方杂职。张潮职掌刑名，徇情回护，降做总旗。邵辅译审番文，失于奏请，还罚俸个个月。龚良臣等译字欠明，鲜鸣捏词奏辩，也各罚俸三个月。叶增、李聪各打二十，并费兴贵等都放了。

自后其国每贡。适土鲁蕃侵占哈密，数犯甘肃，将各夷使人沿途羁住。天方国贡使母满速等先因庆贺世宗登极而还，被禁于庄浪卫。又有后来贡使十六人与撒马儿罕夷人九十九人，有司俱留京师。兵部尚书王琼疏："谓各夷虽真伪难辩，但彼以贡献而来，我既验放入关，若疑其诈冒，则又无实迹可据。合行在京在途官司催促前来，与庄浪寄监者陆续验放出关，遣归本土。其原带财物听其领回，不许官司侵克，重失远夷之心。"从之。

七年，各夷行至平凉府东关，时以土鲁蕃常叛入寇，诏不许通贡。天方国及各夷俱谓归路必经土鲁蕃，今绝其朝贡，则我辈假道彼必肆掠，焉能前往？王琼上闻，请许土鲁蕃照例入贡，以兴复哈密，且使各国通行，则边衅可息。上从其议。迄今使人时至不绝云。

其地风景融和，四时皆春。田沃稻饶，居民安业。男女穿白长衫，男子削发，以布缠头。妇女编发盘头。风俗好善。酋长无科扰于民，亦无刑罚，自然淳化，不作盗贼，上下安和。古置礼拜寺，见月初生，其首长与民皆拜天，号呼称扬以为礼，余无所施。以马乳拌饭食之，故人肥美。其寺分为四方，每方九十间，共三百六十间。皆白玉为柱，黄甘玉为地。中有黑石一片，方丈余，曰汉初时天降也。其寺层次高上如塔之状。每至日落，聚为夜市，盖日中热故也。

货用金、银、缎疋、色绢、青白花磁器、铁鼎、铁铫之属。其地产金珀、宝石、真珠、狮子、骆驼、祖剌法、豹、麂、马有八尺高者，名为天马。

按语：《殊域周咨录》约成书于万历二年（公元1574），严从简撰。所用资料取自明王朝历年颁发的敕书、各国间交往大事和相互来往使节所做的文字记录以及行人司所藏文书档案等。全书共二十四卷，以明王朝为中心，分别记载其东、南、西、北四方海陆各国和地区的道里、山川、民族、风俗、物产等，以供当时官员出使时参考。该书是研究明代中外关系史和少数民族史的重要资料。书中叙事较为详细，遇有歧说则并列有关史料，不轻易排斥异说。又注明材料出处，给后人研究提供方便。此外，正文后面的按语和辑录的有关诗文亦很有价值。

《殊域周咨录》中所涉的阿拉伯国家和地区有默德那（麦地那）、天方（麦加）等。

十二、清代林则徐《四洲志》对阿拉伯的记载

◎阿丹国

阿丹国一作阿兰，一名阿腊比阿，又名曷剌比亚，在阿细亚洲极西南之地。东、西、南皆界大海，北界都鲁机，东西距千二百里，南北距千五百里，幅员百十六万六千方里，户口约千万名。疆域形势，亦居要害。惟无地不沙，无山不石，缺源泉，惟资山涧灌溉，涓滴细流，遇沙即渗。通国仅有东隅一小港耳。西那山、伊阿列山、郎里山皆最高，滨临西海，在墨加、默德那各族之中。不产草木，故古咸谓之石阿丹。然墨加之地较他处尚称沃壤，产上品乳香。其史书、经典皆依回教，无官无王，类以族分，每族之教

头即犹部长也。内地事牧畜，海岸多商贾，惟边界土蛮事劫掠。耶稣纪年七百以前（唐武后时），邻国皆乱，独阿丹无恙。有教首马哈墨者，被谪多年，收纳勇敢，教以战阵。值罗汶国之衰，东征西讨，西取摩罗果，又渡海取大吕宋等边地，东取阿沙丝河各地，疆域广大，无出其右。予智自雄，创立法制，与各教为仇敌，为古今文字之一大变。传及其兄子阿厘，嗣位为大教师，初尚朴实，不甚尊大；迨商旅辐辏，财帛丰溢，渐即乐逸，改造宫室。后有呼伦阿兰、士支阿尔门二人佐理，大兴文学，因本国硗确，遂迁于巴社，即古时巴比仑尼阿之首区也。嗣被鞑靼里侵扰一空，退保本国，还其朴俗，不与他国往来。其滨海西岸复被都鲁机夺去。越二百年（明英宗正统初，距元太宗末计二百年），值都鲁机衰弱，始复夺回。千七百二十年（康熙五十九年），本国忽有微贱之洼都阿哈聚集徒党，欲兴复麻哈密之教，删去其附会，自谓能知未来。有少年头目依沙乌信之，以兵力迫众遵从，联合各族，立为通国教主，以墨加、默德那两处为首区，威慑邻国，一时称盛。遂率其子阿巴尔腊图据依揖、磨加等国，广行教化。依揖之巴札领兵拒敌，竟擒阿巴尔腊图，归国戮之。然其教内之人，滋蔓难图，地方辽远，兼多旷野可以乘机出扰，而外地不能进攻。

政事以一族为一部，每族立一教首，各理各族，不相统属。故阿丹之族谱推究极详，自古迄今未有改易。其族中操权父老，谓之小师，而于众小师中议立一师，谓之大师，各小师均属之。有大小，无尊卑，大者不能以王自居，而小者亦不以臣仆称也。各族均有炮台，牧畜游牧旷野，毋虞攘掠。人皆悍鸷好胜，各族亦互相械斗；若能联合，同心齐力，实为劲旅，阿细亚洲内强国，恐非其敌。历来各国均有更乱，而阿丹依然如故。此外又有一人曰耶米，在僻地独立一族，以贵人执政。后有依满，相继为政。于千六百三十年（明崇祯三年）将都鲁机人驱逐，即擅权为教主，立加底士官以判事焉。

阿丹之人瘦小面黄，多力足智，善骑射、鸟枪。俗尚节俭，富者始食稻米，皆产他国；贫者仅食本地大麦。以架非豆、柳豆之壳浸水饮之，凡菜饭皆调以骆驼乳，罕肉食。富家宴宾，惟洁蔬菜。口腹之人，众皆不齿。衣则腰、膊各缠白布，以便插刀。惟布帽无论寒暑，厚十余层，金线绣字，再垂金银穗于两肩。其教师均出世家，如欧罗巴之俗，故师之名虽南面不易。国中麻哈密之后，生齿繁多，杂处民间，无处不有。其尊贵世家，谓之煎里靡，其帽贵绿。又有哥厘士十二家，专司教事，亦得冠绿，部人望之若神明。俗尚劫夺，务慷慨，行人过境，必先求其保护，但有一饭之缘，即慨诺出力；设无保护，即谓是应劫之物，虽同处款洽，而一至旷野，无不劫夺，如未谋面者然。惟被劫之人但尾至其帐，尚可动其矜怜，不至全受灾害也。家居饮食时，见有行人必招同餐，恐人疑其贫窭。喜结交，多礼节，乍见即摇手为礼，曲尽殷勤。尊长见卑幼亦然。童稚即习礼仪，然皆虚文鲜实，器量狭小，与人有隙，不报不休；误行触犯，亦必报之；非特报其本人，且必诛其中尊贵而后已。故出门必携利器，坐以达旦，终宵不寐，积习牢不可破。人多妻妾，别内外，民妇或可游行，若部落之女，不蒙头即不外行。较之都鲁机、巴社，防范尤严。回教原出于阿丹，而阿丹人又以马哈墨为最著。迨后又分为两种：一曰色底特士教，一曰比阿厘教，各立门户。常见都鲁机、巴社与阿丹人争辩教理成仇，反以马哈墨所传之教为邪教，是何谓耶？惟阿丹不甚拒绝外教，故欧罗巴商客往彼贸易，或导人以克力士顿教，亦复容留善待，不至轻忽拒绝。

若哇都阿哈之教，自为依揖败死后，教亦不甚流传。

阿丹音语与由斯及巴社等相似，其书籍近多散佚。因先日夺得外地建造部落时，尽将著名书籍先运往贮；及至地失，而书也逐沦。本国人复又著辑，论族类，论仇敌，论攻击，论游览，论女人，以至小说等书。近有小说谓《一千零一夜》词虽粗倡，亦不能谓之无诗才。

土产加非豆、柳豆、巴尔色马香、乳香、没药、树胶、沉香、马、骆驼。阿兰为香料聚集之埠头，名驰异域。其实本国仅产乳香、没药、巴尔色马香耳，余俱购自阿未里加洲。

◎依揖国

依揖国在阿未利加洲之东北，东界阿细亚洲内之都鲁机，北界地中海，西界特黎波里，南界东阿未利加各国，即利玛窦所谓黑人多是也。格罗都城为著名之国，闻者起敬。然其史书久湮，故人物之本源，朝代之沿革，均无稽考。虽书籍所述极其荣华富贵，亦无遗迹可征。惟闻上古西梭特力士实为著名之王，曾征服阿细亚洲各国，攻至中阿未里加洲之地。今底弥士部落尚有石相遗迹。旋又攻服由士西利阿、西里阿、巴社、鞑鞑里等处，名闻诸国。至三弥尼达士王，往攻阿未利加之北隅败绩，并本国为巴社袭夺。赖国人不服巴社，遂有阿力山达起兵恢复；同时才杰并出，有比多里弥士等兴工作、教技能，遂一变依揖，为声明文物之国。以额力西之技艺，先原得自依揖也。在耶稣未纪年以前，曾为隔海之意大里所据，一时虽不幸，而机巧、技艺亦得意大里国之传授。至耶稣纪年七百（唐嗣圣十七年），为回教阿丹所攻服。阿丹仇视别教，遂将比多里弥士等之书尽毁于火，依揖之人日渐荒陋。及人迫走巴社，恢复本国，始复学习旧艺，然终不及额力西。后又为都鲁机所夺，设巴札理政事。其依揖之麻米录种类，本皆奴仆后裔，恃其番庶，反仆为主，自立头目，称藩于都鲁机。至千五百十六年（明正德十一年），逐欲自王东方，攻击都鲁机边境。都鲁机虽兴师诛讨，然蛮种善骑射，好背叛，不属巴札统辖者居半。千七百九十八年（嘉庆三年），佛兰西兵侵依揖，被英吉利袭其后，败绩而退。于是依揖巴札乘间驱麻米录种人出境，遂亦叛都鲁机自立，尽复昔时艺业、法律，并鼓励国人习欧罗巴之技能，国势复振。当阿丹被阿都洼哈攻击时，依揖统兵往助，代夺回墨加、默德那二部落，乘胜遂攻都鲁机。得俄罗斯和解，令都鲁机割出干底阿、西利阿两部落归于依揖，兵始寝息。

阿丹人居斯者，自设官分理，然亦必由依揖巴扎定夺。纳钱粮、调丁壮，均由司官经手。国赋有三：一田地，一丁口，一税饷。岁征地土钱粮银二百四十万圆，丁口银三十二万圆，岁饷银五十九万圆，共三百三十一万圆。除历年起解观士顿丁罗布尔银八万圆，余银存留依揖，以备支发。凡克力士顿教、由教之人，男丁十六岁者，按名纳时令十三枚至五十枚不等。货物只税入口，岁征银千七百六十万圆。除国中支给，尚余银百万圆。军伍昔强，未娴纪律，近得欧罗巴训练之法，队伍雄甲东方。千八百三十四年（道光十四年），计兵七万四千。近复设武备馆，延欧罗巴教师以训年少余丁万有四千，月支经费银六千圆。并设铸炮局、器械局、火药局，有大兵船九，中兵船七，小兵船三十。幅员十三万方里，户口二百六十万有奇。原居土著曰果斯十六万口，余俱阿丹、都鲁机之由教，阿未利加之额力教，欧罗巴洲之克力士顿教等人，先后流寓。土番奉克力士顿教，面貌丰满，颜色黄黑，目圆而明，鼻高面直，唇粗发黑。好贸易，外似淳和，内实贪滑，一见如故，以谄为欺。国中阿丹人多业农，都鲁机人多营仕宦，额力西人与由教人多事贸易。尚有欧罗巴、阿未利加之人，各习一教，杂处一方，判如胡越。自巴札力兴文教，设印书馆，才艺日出。惟衣食俭朴，富者戴小帽，内服绵夏小衫，外服呢袍，女则头罩沙帕，衣以丝发，所食无非蔬菜、羊肉。贫者周身裹布，啖面嗜酒，并吸食自造之鸦片。

国中多河道，最长者奈尔河，源自阿未利加洲内，至罗阿依揖出海，未详里数。土产稻、谷、麦、棉花、洋靛、牛、驴、骆驼。由阿未利加买回货物，金及象牙最多。领大部落三，小部落百四十有一（罗阿依揖，犹华言下依揖也。东界海，东北界阿细亚洲都鲁机，南界先特腊尔依揖，西界西阿未利加旷野之地，西北界特黎波里，北界海。领小部落四十有八。先特腊尔依揖，犹华言中依揖。东界海，南界阿巴依揖，西界阿未利加旷野之地，北界罗阿依揖。领小部落三十。阿巴依揖，犹华言上依揖。东界海，南界东阿未利加，西界阿未利加旷野，北界先特腊尔依揖。领小部落六十有三。国中有湖四：麻里阿底市湖、摩罗士湖、缅沙力湖、麦吉机伦湖。河道除奈尔河之外，尚有运载河五：阿力山特厘阿河、阿沙腊河、弥利河、阿时多安河、摩伊王河）。

◎阿未利加洲之北四国

阿未利加洲之北四国，曰摩罗果，曰阿尔尼阿，曰都尼斯，曰特厘波里。四国同区，统而名之曰摩马里。南依大山，北滨地中海，地狭而袤长，东界依揖，西界阿兰底海，计长二千里，南抵阿特腊斯山，北抵地中海，计宽自五六十里以至百余里。阿特腊斯山自东至西，长与麻马里等，最高之峰千有三百丈，其余小峰四五百丈，均在麻马里之境。山林深密，终年积雪。四国土番皆麻密种类，容貌、风俗，四国皆同。当国势盛时，文教与额力西相等，武功与意大里争雄；兼取得大吕宋之西栖岛，商埠云集，既强且富，名著海邦。何期盛衰靡常，四国均为意大里亚所灭，既又为回教之阿丹侵夺，设立加里甫统辖之，驻兵加尔湾，悉令改从回教之马哈墨教，毁其书籍，愚其耳目，并隔绝他国，不许往来，垂二百余年，声教扫地，竟成野蛮顽蠢，几不可问。后值阿丹衰弱，各国始自立为主。既而阿弥尼阿、都尼斯、特黎波里三国旋为都鲁机所灭，分设总理之官。在阿尔尼阿者曰尼，在都尼斯者曰弥，在特黎波里者曰巴札，遂均为都鲁机属国，屯兵镇守。是时土人分三种：曰摩罗，即都鲁机之人；曰阿丹，即回教之人；曰土番，即山谷土著旧人。摩罗踞城邑，嗜鸦片（采取本地所产麻依法配制，亦曰鸦片）。阿丹之人则游牧迁徙，以帐毡为庐舍。其本地土番多在阿特腊斯山岩居穴处，铳猎为生。然都鲁机之兵皆无赖横冲，动辄戕官，盗劫四出，居民咸罹荼毒。惟摩罗果一部未被侵夺，谨守疆域，其王亦勤政自强。都尼斯、特黎波里二国，近亦复国自王。惟阿尔尼阿染都鲁机之俗，专略欧罗巴各国商舶。惟被弥利坚、英吉利二国之船所败。既又劫佛兰西商船，佛兰西遂起兵的捣其巢穴，设兵分守。然其人皆贼很，难与耦居。故佛兰西之兵，近亦退居海口。

摩罗果国为麻马里极西之地，在阿特腊斯大山之后，幅员二十九万方里，人户千二百万口，土沃产丰。惟达非里部落较脊。其国旧通声教，后王无道，遂为阿丹所夺。王既降为部首，俞恣昏乱，所属兵亦如禽兽，垂二百余年，遂成野人。近日复国，仍以摩罗果为国都。新王力革污俗，政事、文学日见起色。惟所行律法仍用回教，且未设议事之官，临事仓促裁决，并无旧章。骨肉时思篡夺，故叛谋迭见。护卫兵五千，与操防之兵俱无纪律。田赋什而征一，畜牧二十而征一，岁得税饷银五百万圆。领大部落二，小部落五十

（摩洛果，东界阿尔尼阿，南界沙漠，西界海，北界地中海。领小
部落二十有六。产杏仁、羊皮、象牙、蜜糖、黄蜡、羊毛、树胶。
绯斯部，东界阿尔尼阿，西界摩罗果，南界阿特腊斯山。领小部落
二十有四。产大呢、地毡、绸纱、手巾、毡帕）。

　　阿尔尼阿国，古时谓之卢弥尼阿，纵七百里，横自五十里至百
五十里，户二百万口。旧与摩罗果同俗，迨阿丹夺国，悉改回教。
二百余年，全失本性，蛮顽无知。土尚肥美，宜播种，山林柏橡丛
茂，而习俗游惰，半多荒弃，以劫夺为生涯。又为都鲁机所据，设
呢官以董其事。有镇守兵万五千，队伍皆无赖，不知王法，竟有绞
死呢官，自择同伍骁勇代之者。土番之海寇亦自立一王，专劫海
舶，所获赀财半归头目，半自禳分。至千八百十五年（嘉庆二十
年），始为弥利坚、英吉利船击败。旋有佛兰西船被其虏劫，人货
俱尽。佛兰西于千八百三十年（道光十年）起兵捣巢，歼厥渠魁，
尽有全国，设兵三万防守其地。然腹地皆阿丹种类，常怀仇恨。故
佛兰西之官兵，近已退居港口，不屯内地（阿尔尼阿，东界都斯，
南界沙漠，西界摩罗果，北界海，在都尼司之东北。幅员二十四万
五千方里，户口二百万名，领小部落五十有八。产羊皮、香料、蜜
腊、羊毛、纱呢、果实、珊瑚）。

　　都尼司国在阿尔尼阿之南，东界特黎波里，南界沙漠，西界阿
尔尼阿，北界地中海。地势平坦，宜播种。且北隅沿海小岛百余，
较之阿尔尼阿疆域差小。旧都于加尼达，近欧罗巴洲之南岸，互市
甚盛，不亚大意大里。后为阿丹夺国，驻兵加尔湾、都尼司二部，
勒改回教，尽失旧俗，榛狉无知。迨至千六百年（明万历二十八
年），又为都鲁机所据，设弥官以理政事，兵卒横行，官受挟制，
民罹荼毒。近日酋长遂背都鲁机而自立，改都于都尼司，悉除虐

政，与国人更始。以土番顽蠢，广采才智，凡欧罗巴人稍有才识者，虽微贱皆加任用。立规条，判曲直，约束番众，法度渐可观。幅员七万五千方里，户二百万口，领小部落二十有一。产绒绸、哔叽、番碱。

特黎波里国，在摩罗果之南，东界依揖，南界沙澳，西届都尼司，北界地中海。域内多山，惟北隅沃壤。然所产不赡于食，仰资邻国。其人先受愚于阿丹之回教，嗣受虐于都鲁机驻防之兵。后有巴札曰哈弥者，设谋备宴，邀其兵目三百会饮，伏壮士禽缚诛之，并尽屠其兵党，即自立为王，仍都于特黎波里。都鲁机衰弱，不能征讨，从兹不属都鲁机。哈弥约束部卒，除暴苏困，招徕欧罗巴技艺之人，教导土番。近日之王宽厚俭节，通好各国，外揽宾客，内化愚顽，较摩罗果等国，政事尤整饬。大部落二，小部落三十有三，幅员二十一万五千方里，户百万口有奇（特黎波里，东界依揖，南界菲山，西界都尼司，北界海。领小部落二十四。产呢纱、地毡、橄榄、金沙、象牙。菲山，北界特黎波里，东、南、西界沙漠，在特黎波里之南。领小部落九）。

按语：《四洲志》是由林则徐主持编译的一部世界地理著作，成书于清朝末年，书中简要叙述了亚洲、欧洲、非洲、美洲30多个国家的地理、历史和政治状况。《四洲志》是近代中国第一部相对完整、比较系统的世界地理志书。在林则徐的影响下，后来产生一批研究外国史地的著作。此书实为开风气之先的创举，而作者林则徐也被后人称为近代中国"开眼看世界的第一人"。

《四洲志》中所涉阿拉伯国家和地区包括阿拉伯半岛、埃及、摩洛哥、阿尔及利亚、突尼斯、利比亚等。

第十章　古代诗词中的阿拉伯

战城南

（唐）李白

去年战，桑干源，今年战，葱河道。

洗兵条支海上波，放马天山雪中草。

万里长征战，三军尽衰老。

匈奴以杀戮为耕作，古来唯见白骨黄沙田。

秦家筑城避胡处，汉家还有烽火燃。

烽火燃不息，征战无已时。

野战格斗死，败马号鸣向天悲。

乌鸢啄人肠，衔飞上挂枯树枝。

士卒涂草莽，将军空尔为。

乃知兵者是凶器，圣人不得已而用之。

荆南兵马使太常卿赵公大食刀歌

（唐）杜甫

太常楼船声嗷嘈，问兵刮寇趋下牢。牧出令奔飞百艘，
猛蛟突兽纷腾逃。白帝寒城驻锦袍，玄冬示我胡国刀。
壮士短衣头虎毛，凭轩拔鞘天为高。翻风转日木怒号，
冰翼雪澹伤哀猱。镌错碧䂊鸊鹈膏，铓锷已莹虚秋涛，
鬼物撇捩辞坑壕。苍水使者扪赤绦，龙伯国人罢钓鳌。
芮公回首颜色劳，分阃救世用贤豪。赵公玉立高歌起，
揽环结佩相终始，万岁持之护天子。得君乱丝与君理，
蜀江如线如针水。荆岑弹丸心未已，贼臣恶子休干纪。
魑魅魍魉徒为耳，妖腰乱领敢欣喜。用之不高亦不庳，
不似长剑须天倚。吁嗟光禄英雄弭，大食宝刀聊可比。
丹青宛转麒麟里，光芒六合无泥滓。

送举人

（宋）徐璋

揭阳多士天下都，声名籍籍南海隅。
往往能骑龙马驹，唾手可捋于菟须。
大食刀听赤瓠壶，绿沈弓迸金仆姑。
太阿何止敌万夫，四海可归舆地图。
一举旌旗到三吴，全军接上甘泉书。
不比白面谢石奴，汉庭挺出万卷儒。

至尊含笑御玉虚，此时贤杰气焰舒。

更看相踵升亨衢，凤池鸡省争凫趋。

送万耕道帅琼管

（宋）楼钥

黎山千仞摩苍穹，颠颠独在大海中。

自从汉武置两郡，黎人始与南州通。

历历更革不胜计，唐设五筦如容邕。

皇朝声教久渐被，事体全有中华风。

生黎中居不可近，熟黎百洞蟠疆封。

或从徐闻向南望，一粟不见波吞空。

灵神致祷如响答，征帆饱挂轻飞鸿。

晓行不计几多里，彼岸往往夕阳春。

流求大食更天表，舶交海上俱朝宗。

势须至此少休息，乘风径集番禺东。

不然舶政不可为，两地虽远休戚同。

古今事变无定论，难信捐之与扬雄。

四州隔分各置守，琼台帅阃尤尊崇。

高雅大纛拥方伯，鼓吹振响惊蛟龙。

汉家威名两伏波，卢丁以来几宗工。

卫公精爽尚如生，妙语况有玉局翁。

史君吏事素高了，明若古镜摩青铜。

叱驭行行不作难，平生惟仗信与忠。

布宣王灵万里外，益使向化来蛮賨。

第惟遐方习疏慢，政化要当率以躬。

雾中能见越王石，自然心服令易从。

顽犷未率宜以渐，勿示骇政先含容。

平平之策用定远，下下之考书阳公。

吏民生长固安土，尚当摩抚如童蒙。

属僚宦游岂得已，士多失职悲途穷。

名分卑尊不可紊，更念何处不相逢。

官事既了与无间，可使知气俱冲融。

乡间惜别情所钟，临岐为倾琥珀浓。

手遮西日念远去，欲留奈何鼓逢逢。

愿君稳度三合溜，早归入侍明光宫。

大食瓶

（宋）朱槔

瓻质谢天巧，风轮出鬼谋。

入窑奔阏伯，随舶震阳侯。

独鸟藏身稳，双虹绕腹流。

可充王会赋，漆简写成周。

大食瓶

（元）吴莱

西南有大食，国自波斯传。兹人最解宝，厥土善陶埏。

素瓶一二尺，金碧灿相鲜。晶荧龙宫献，错落鬼斧镌。

粟纹起点缀，花毵蟠蜿蜒。定州让巧薄，邛邑斗清坚。

脱指滑欲堕，凝瞳冷将穿。逊哉贾胡力，直致鲛鳄渊。

常嗟古器物，颇为世所捐。襆衫易冠衮，盘盎改豆笾。

礼图日以变，戎索岂其然。在时苟适用，重译悉来前。

大寰幸混一，四海际幅员。县度缚绳緪，娑夷航革船。

凿空发使节，随俗混民编。汉玉堆㮚笴，蕃罗塞鞍鞯。

城池信不隔，服食奈渠迁。轮囷即上据，鼎釜畴能肩。

插芘夺艳冶，盛酪添馨膻。当筵特见异，博识无庸诠。

藏之或论价，裹此犹吾毡。珊瑚尚可击，碛路徒飞烟。

彼还彼互市，我且我杯圈。角狸独不出，记取征西年。

戏别引胜轩

（清）爱新觉罗·弘历

虚窗置大食玻璃，万壑千峰座里披。独是未能忘物我，兴来辄复有言词。

清风明月食无尽，近景遐观揽莫遗。却惭三间如致问，匆匆去者竟奚为。

参考文献

[1] 中华书局编辑部. 二十五史 [M]. 北京：中华书局，2012.

[2] （西晋）陈寿. 三国志 [M]. 裴松之，注. 合肥：黄山书社，2015.

[3] 柯劭忞. 新元史 [M]. 张京华，黄曙辉，校. 上海：上海古籍出版社，2018.

[4] （宋）司马光. 资治通鉴 [M]. 北京：中华书局，2018.

[5] （清）毕沅. 续资治通鉴 [M]. 北京：中华书局，2016.

[6] （唐）杜佑. 通典 [M]. 北京：中华书局，2016.

[7] （宋）马端临. 文献通考 [M]. 北京：中华书局，2018.

[8] （宋）王溥. 唐会要 [M]. 北京：中华书局，2017.

[9] （清）徐松. 宋会要辑稿 [M]. 上海：上海古籍出版社，2014.

[10] （宋）王钦若，等. 册府元龟 [M]. 北京：中华书局，2020.

[11] （唐）杜环，张一纯. 经行记笺注 [M]. 北京：中华书局，2000.

[12] （宋）朱彧. 萍洲可谈 [M]. 北京：中华书局，2007.

[13] （宋）周去非. 岭外代答校注 [M]. 杨武泉，校注. 北京：中华书局，2012.

［14］（宋）赵汝适．诸藩志校释［M］．杨博文，校释．北京：中华书局，1996.

［15］（元）汪大渊．岛夷志略校释［M］．苏继庼，校释．北京：中华书局，2009.

［16］（元）周致中．异域志［M］．陆峻岭，校注．北京：中华书局，2000.

［17］（明）巩珍．西洋番国志［M］．向达，注．北京：中华书局，1982.

［18］（明）马欢．瀛涯胜览校注［M］．冯承钧，校注．北京：中华书局，1955.

［19］（明）费信．星槎胜览校注［M］．冯承钧，校注．北京：中华书局，1954.

［20］（明）黄省曾．西洋朝贡典录校注［M］．谢方，校注．北京：中华书局，2000.

［21］（明）严从简．殊域周咨录［M］．余思黎，点校．北京：中华书局，1993.

［22］（清）林则徐．四洲志［M］．北京：朝华出版社，2018.

［23］（清）彭定求．全唐诗［M］．王重民，陈尚君，等，补辑．北京：中华书局，2018.

［24］（清）董诰，等．全唐文［M］．北京：中华书局，1983.

［25］（清）吴之振，吴尔尧，吕留良．宋诗钞［M］．管庭芬，蒋光煦，补．北京：中华书局，2015.

［26］（清）顾炎武．天下郡国利病书［M］．上海：上海古籍出版社，2012.

［27］张星烺．中西交通史料汇编［M］．朱杰勤，校订．北京：

中华书局，2003.

[28] 江淳，郭应德.中阿关系史［M］.北京：经济日报出版社，2001.

[29]〔埃及〕艾哈迈德·爱敏.阿拉伯伊斯兰文化史［M］.纳忠，译.北京：商务印书馆，2019.

[30] 王小甫.唐、吐蕃、大食政治关系史［M］.北京：北京大学出版社，1992.

[31] 赖存理.回族商业史［M］.北京：中国商业出版社，1988.

[32] 余太山.安息与乌弋山离考［J］.敦煌学辑刊，1991（2）.

[33] 余太山.《魏略·西戎传》要注［J］.中国边疆史地研究，2006（2）.

[34] 莫任南.甘英出使大秦的路线及其贡献［J］.世界历史，1982（2）.

[35] 颜世明，刘兰芬.甘英出使大秦：研究述评与再审视［J］.西北民族大学学报（哲学社会科学版），2015（6）.

[36] 王东平.唐宋穆斯林史实杂考［J］.回族研究，2004（1）.

[37] 陈纳维，潘天波.耦合视域：宋代"海上丝路"贸易与漆器文化生［J］.历史教学，2016（8）.

[38] 李云泉.略论宋代中外朝贡关系与朝贡制度［J］.山东师范大学学报（人文社会科学版），2003（2）.

[39] 马文宽.宋、元《大食瓶》新解［J］.考古，2013（12）.

[40] 张文德.明代天方国使臣来华考——兼议明人对天方国的认识［J］.西域研究，2015（4）.